经典悦读
系列丛书珍藏版

生产的透视

——马克思《政治经济学批判·导言》如是读

陈培永　姜如雪◎著

SPM
南方传媒　广东人民出版社
·广州·

图书在版编目（CIP）数据

生产的透视：马克思《政治经济学批判·导言》如是读／陈培永，姜如雪著. —广州：广东人民出版社，2023.9
（经典悦读系列丛书）
ISBN 978-7-218-16879-1

Ⅰ．①生…　Ⅱ．①陈…　②姜…　Ⅲ．①《政治经济学批判》—马克思著作研究　Ⅳ．①A811.22

中国国家版本馆 CIP 数据核字（2023）第 164768 号

SHENGCHAN DE TOUSHI——MAKESI《ZHENGZHI JINGJIXUE PIPAN · DAOYAN》RUSHI DU

生产的透视——马克思《政治经济学批判·导言》如是读

陈培永　姜如雪　著

出 版 人：肖风华

出版统筹：卢雪华
选题策划：曾玉寒
责任编辑：曾玉寒　李宜励
封面设计：李桢涛
插画绘图：李新慧
责任技编：吴彦斌　周星奎

出版发行　广东人民出版社
地　　址：广州市越秀区大沙头四马路 10 号（邮政编码：510199）
电　　话：（020）85716809（总编室）
传　　真：（020）83289585
网　　址：http://www.gdpph.com
印　　刷：广州市豪威彩色印务有限公司
开　　本：787 毫米×1092 毫米　1/32
印　　张：4.375　字　数：90 千
版　　次：2023 年 9 月第 1 版
印　　次：2023 年 9 月第 1 次印刷
定　　价：24.00 元

如发现印装质量问题，影响阅读，请与出版社（020-85716849）联系调换。
售书热线：020-87716172

目录

导言 关于生产的"总的导言"

完成一部巨著，即使再伟大的思想家也很难做到一气呵成，可能也会像我们写一篇文章或者写一本书一样，写了一稿又一稿，改了一遍又一遍。

写作《资本论》是马克思一生的事业，可惜还是未完成的事业，马克思不知道改了多少遍，推敲过多少文字，其中艰辛不做学问之人很难理解，即使治学之人也可能无法想象。所幸可以确定的是，从 1857 年 7 月至 1865 年底，马克思写了三个手稿，其中一个被认为是《资本论》第一稿的手稿，写于 1857 年 7 月至 1858 年 6 月，共 50 印张，标题为《政治经济学批判》。

在这个手稿中，马克思写了一篇总的《导言》，是为他计划中的经济学巨著（这个巨著不只是《资本论》）写的总导言，从中可以窥见马克思的理论抱负。稿本上标明着字母"M"，并附有日期：

1857 年 8 月 23 日。

对一本著作来说，"导言"都是很重要的，它是读者理解和把握正文内容的必要说明，也是读者选择是否深入阅读的关键部分。"导言"会写些什么，应该写些什么？作为读者的我们可以去设想一下。我们会介绍下自己的研究对象和方法，对整个逻辑框架作出必要说明，对一些核心观点做简单阐述，当然也要综述下相关研究成果已经取得的进展和依然存在的问题，提出自己的研究相对于现有研究的独特性。这篇《导言》实际上做了很好的示范。

在这个稿本的封面上，马克思所列出的目录是：

1. 生产一般

2. 生产、分配、交换和消费的一般关系

3. 政治经济学的方法

4. 生产资料（生产力）和生产关系，生产关系和交往关系等等①

在《导言》的最后一部分，马克思还列出了如

_____

① 《马克思恩格斯全集》第 30 卷，人民出版社 1995 年版，第 21 页。

下提纲："生产。生产资料和生产关系。生产关系和交往关系。国家形式和意识形式同生产关系和交往关系的关系。法的关系。家庭关系"①。可以看出，《导言》很明显是以"生产"为主线的，是旨在以生产为线索串联起人类社会的各种现象的作品。

可惜的是，这是一篇未完成的导言，很多方面都没有展开，有些内容只是罗列了要点。不过在这些留下来的文字中，依然不乏一些新的观点、一些新的亮点。这是马克思作品的特点，"序言"或"导言"往往是单独成文的，有着独有的内容和观点，而且还不会出现在正文中，因而容易成为可供后人深入研究的独立文本。

1859 年 1 月，他解释了中断写作的原因："我把已经起草的一篇总的导言压下了，因为仔细想来，我觉得预先说出正要证明的结论总是有妨害的，读者如果真想跟着我走，就要下定决心，从个别上升到一般。"② 字里行间也可以看出，他认为这

---

① 《马克思恩格斯文集》第 8 卷，人民出版社 2009 年版，第 33 页。

② 《马克思恩格斯文集》第 2 卷，人民出版社 2009 年版，第 588 页。

篇"总的导言"是关于"一般"的，而不是关于"个别"的，是关于生产的一般的、普遍的理论的，而不是关于生产的某种个别的、特殊的形式的理论的，具体来说，是关于人类社会的生产的，而不是关于现代资本主义生产的。

没有聚焦特定社会的生产，而是围绕人类社会普遍的生产问题展开论述，马克思的说明，其实给我们提出了阅读这篇文献的主线索，那就是生产。就此可以认定，《导言》也是透视生产问题的总的导言，是把生产作为考察对象的作品，当然也是他逐渐意识到应该聚焦对现代社会生产方式也就是资本主义生产方式进行深入研究的作品。

在《导言》中，马克思明确了不应把分配而应该把生产提到首位，生产总是在一定社会发展阶段上的、总是一定社会性质下的生产，应该把生产、分配、交换和消费看作一个总体的各个环节，指出了政治经济学的科学方法应该是从抽象到具体的方法，论证了分析现代社会应该以资本这个"普照的光"或"特殊的以太"为出发点和落脚点，并且重点解释了物质生产与艺术生产的不平衡发展问题。

为什么生产的主体是社会个人而不是独立的个

马克思对于这个我们再熟悉不过的"生产",进行了非常深入的思考,提出了一些对我们今天看待经济社会现实问题依然有启发意义的观点。

研究结晶

体？如何把握生产一般与生产特殊的关系？生产与分配、交换、消费之间究竟是什么样的关系？分析现代社会生产方式应该采取什么样的方法、应该从何开始？如何理解物质生产与艺术生产的不平衡发展问题？这些问题在《导言》中均有回答。马克思对于这个我们再熟悉不过的"生产"，进行了非常深入的思考，提出了一些对我们今天看待经济社会现实问题依然有启发意义的观点。这本小册子将对马克思的相关论述进行深入解读，以期透视生产的世界。

☞ 经典地位

《导言》在马克思生前并未发表，考茨基1903年发现了这部未完成的手稿，将其发表于《新时代》上，并冠名为《〈政治经济学批判〉导言》。作为《政治经济学批判》巨著的"总的导言"，它可以说是马克思从哲学转变到经济学十几年研究的结晶所在，是马克思建构自己政治经济学体系的转折性开端。说这篇《导言》是马克思终其一生未竟事业的缩影也不为过，马克思之后的一系列政治经济学研究作品，都可以看作《导言》框架之内的生动材料填充。《导言》一经被发现和发表，就在全世界掀起了广泛的翻译与研究热潮，直到今天，文中的一些内容，比如从抽象到具体的方法、历史与逻辑相统一、"人体解剖对于猴体解剖是一把钥匙"、物质生产与艺术生产等，依然是理论研究与学术讨论的热点。

一、生产的主体：独立个体还是社会个人？

孤立的一个人在社会之外进行生产——这是罕见的事，在已经内在地具有社会力量的文明人偶然落到荒野时，可能会发生这种事情——就像许多个人不在一起生活和彼此交谈而竟有语言发展一样，是不可思议的。

1

"摆在面前的对象，首先是物质生产"①，马克思自此开始了自己的论述。摆在面前的对象，为什么"首先"是物质生产？物质生产是什么样的生产？

顾名思义，物质生产就是生产出物质的生产，就是生产出能满足人的生存和发展需要、保障人类

---

① 《马克思恩格斯文集》第8卷，人民出版社2009年版，第5页。

社会维系长存的物质的生产。狭义上说，物质生产中的"物质"就是维持人的肉体性存在所需要的物质财富，与这个物质生产对应的则是精神生产、艺术生产等；广义上说，相对于生产出"人"的生产即生育繁衍，物质生产中的"物质"不仅包括物质财富，还包括满足人的精神性存在的精神财富比如文学、艺术等。值得注意的是，我们讲到"生产"的时候，有时候说的是狭义的物质生产，有时候说的是广义的物质生产，个别情况下指的是包括人的生产在内的一切生产。

不管做何种解释，物质生产都是人类生存和发展的基础活动，是社会齿轮运转的动力来源。整个人类社会的存在和发展，除了依靠人的生产不断生产出人之外，就是依靠物质生产给人提供吃穿住用行包括精神享受所需要的物。一个人的生活，也必然是在物质生产满足自己生存需要的基础上，才能从事政治事务、哲学思辨和艺术生产等。不能否定物质生产的基础性意义，这样一个朴素的道理总是被不食人间烟火的理论家们忽视，但并不因此减少其真理性质。

物质生产因此应该首先作为摆在面前的对象，

生产理所当然应该作为《导言》的出发点。而只要讲生产，就得讲谁来生产、生产者是谁。马克思紧接着写道："在社会中进行生产的个人，——因而，这些个人的一定社会性质的生产，当然是出发点。"① 如果不仔细去读这句话，我们可能会以为"在社会中进行生产的个人"是出发点，至少会去琢磨到底是进行生产的人还是人的生产是出发点。出发点其实还是生产，只是生产一定是人从事的生产，生产与人二者不可分割，密不可分。"说到生产，总是指在一定社会发展阶段上的生产——社会个人的生产"②。马克思谈到的"一定社会发展阶段上的生产"，与"一定社会性质的生产"一样，都是给"生产"前面加上必要的限定词，是有讲究、有深意的，强调了谈论生产不能离开社会性、历史性，不能把生产理解成纯粹自然的活动，理解成从古至今历来如此的活动，不然的话，"生产"就变成一个抽象的名词。

从事"一定社会发展阶段上的生产""一定社

---

① 《马克思恩格斯文集》第 8 卷，人民出版社 2009 年版，第 5 页。
② 《马克思恩格斯文集》第 8 卷，人民出版社 2009 年版，第 6—9 页。

会性质的生产"的主体，正是"社会个人"。这是马克思在《导言》中对生产者或生产主体的非常重要的表述，但却是容易被忽视的，或者说是其重要性容易被低估的范畴。根据上下文，社会个人对应的是"单个的孤立的"个人、"天生独立的主体"，说明人不是在自然中生活的人，而是在社会中生活的人；说明人不是孤立的个人，而是处在各种关系中的人；说明人不是永恒不变的人，而是随着社会历史进程发生变化而变的人。

人之为人，不可能是自然人，不可能是孤立的个人，注定是存在于社会中的、与其他人发生各种各样关系的"关系性个人"。"孤立的一个人在社会之外进行生产——这是罕见的事，在已经内在地具有社会力量的文明人偶然落到荒野时，可能会发生这种事情——就像许多个人不在一起生活和彼此交谈而竟有语言发展一样，是不可思议的。"①

马克思没有否定个人的客观存在，他承认我们在日常生活中通过直观看到的是一个又一个个体，但他又引导人们透过现象看本质，每个人实际上都

_____

① 《马克思恩格斯文集》第8卷，人民出版社2009年版，第6页。

是社会关系建构的产物，人就其本质来说是社会关系的总和。这就是哲学家或思想家看见的、我们可能没有看见的人。看见不可看见之物，认识不可认识之人，正是哲学智慧的体现。

2

并不是所有的理论家都是从物质生产出发，都能看到从事物质生产的"社会个人"。马克思面对的一些思想家，看到的就不是社会的个人，不是处于各种关系中的个人，而是天生独立的个体、生而自由的个人。

其中包括斯密和李嘉图，马克思认为他们的经济学把"单个的孤立的猎人和渔夫"当做出发点，实际上是说他们以猎人、渔夫的劳动为例讲劳动价值论、讲交换。斯密讲过，"狩猎民族捕杀海狸一头所需要的劳动，若二倍于捕杀鹿一头所需要的劳动，那么，海狸一头当然换鹿两头"[①]。李嘉图则指

---

① 亚当·斯密：《国民财富的性质和原因的研究》上卷，郭大力、王亚南译，商务印书馆 2011 年版，第 41 页。

出，"猎人的弓箭和渔人的独木舟与工具价值相等，耐久性也相等，两者都是等量劳动的产品。在这种情形下，猎人一天劳动的产品——鹿的价值——就会恰好等于渔人一天劳动的产品——鱼的价值"①。在这种例子中，猎人和渔夫似乎都是单个的人，都是一个人在进行生产的人，他们从属的家庭、氏族、公社等社会关系没有被考虑。

马克思还讲到了卢梭，他从"天生独立的主体"出发，通过缔结社会契约建立起人与人之间的联系和关系。我们知道，卢梭在《社会契约论》中开篇有句名言，"人是生而自由的，但却无往不在枷锁之中"②。人生而自由，读起来感觉很好，很有冲击力，但稍微深入思考就会明白，人是不可能生而自由的，人生下来连自己活下去的能力都没有，没有自己的父母或者他人的照顾，人早就不存在了。人与人之间不是通过契约才建立了联系，是本来就有联系、处于关系之中，才去建立所谓的社会

---

① 彼罗·斯拉法主编：《李嘉图著作和通信集（第一卷）——政治经济学及赋税原理》，郭大力、王亚南译，商务印书馆 2011 年版，第18 页。

② 卢梭：《社会契约论》，何兆武译，商务印书馆 2003 年版，第4 页。

契约，实际上也就是制定规则、颁布法律规范人的活动、维系特定的人的关系。

人不是生而为自由的个体，人都是生活在一定的社会关系之中的，注定是出生即在家庭关系、社会关系中的社会个人或关系性个人。何以诸多睿智的思想家都背离经验现实，而将孤立的个人、独立的主体作为其理论的出发点呢？

在马克思看来，从单个的、孤立的、独立的个人开始建构理论体系，并不是建立在自然主义的基础上，并不是表达对过度文明的不满，想要回到自然生活中去。马克思说，"这是鲁滨逊一类的故事"，但"只是大大小小的鲁滨逊一类故事所造成的美学上的假象"①。鲁滨逊这个人物在马克思、恩格斯的作品中出现过多次，来自我们都很熟悉的《鲁滨逊漂流记》这本小说，它讲述了鲁滨逊因海难漂流到一个荒岛，依靠自己顽强地存活下来，最终返回故乡的故事。为什么说斯密和李嘉图是"18世纪的缺乏想象力的虚构"，就是因为他们所设想的"单个的孤立的猎人和渔夫"，跟这个小说中的

① 《马克思恩格斯文集》第8卷，人民出版社2009年版，第5页。

鲁滨逊是同一种类型的人物。《鲁滨逊漂流记》表现了作者想要回归自然的想法，也很容易让人以为斯密等人也有这种想法，作出了这种预设。

但实际上并不是，所以说只是假象。在马克思看来，不能被鲁滨逊一类故事的假象所蒙蔽，应该看到真相，看到三位思想家在建构以独立的个人为出发点的理论的真相。不要以为这些思想家纯粹在杜撰故事、胡思乱想，相反，他们的思想是有社会现实作为支撑的，反映了一定的社会历史进程，是对已经在18世纪走向成熟的"市民社会"的预感。

在漫长的人类社会，生产力的落后使每个人根本没有办法摆脱自然联系，所谓的自然联系就是被自然所迫必须建立的联系，个人只能成为狭隘人群的附属物，从属于包括家庭、氏族、公社等这样的整体中。这个时候，人身依附是一种普遍状态，个人尚未成熟和独立，共同体往往以自然血缘关系为脐带构筑、以统治—服从关系为基础。也就是说，在资本主义生产方式确立以前的漫长历史时期里，并不存在真正意义上的、我们如今所说的独立的"个人"，因为"越往前追溯历史，个人，从而也是进行生产的个人，就越表现为不独立"①。

随着生产力的极大发展，随着人类社会的不断进步，独立的个人才有了可能。正是从 16 世纪以来封建社会形式解体开始，一直到 18 世纪，资本主义生产方式得以确立和发展，工业化、市场化、城市化进程加速，个人才有机会摆脱自然联系、人身依附，具有了独立的现实基础条件，并且有了独立的主体意识，能够看到自己要从社会联系的各种形式中达到自己的目的，从而逐渐形成了以"原子个人"为前提的"市民社会"。

马克思对其对手予以了必要尊重，认为他们的理论符合人类社会历史进程，看到了现代社会的进步。他们关于个人以及以个人为出发点所建构的理论，正是对这段历史事实的体察与无意识表述，对即将成熟的"市民社会"的预言，只是他们没有看到产生这种单个的、孤立的个人的时代其实正是迄今为止具有最发达社会关系的时代，没有看到这种个人是"历史的结果"，反而把独立的个人建构为历史的起点，变成自己理论的出发点，结果就变成

① 《马克思恩格斯文集》第 8 卷，人民出版社 2009 年版，第 6 页。

了：一个人从出生开始，就被看作独立的个体，而且这种独立的个体属性是自然的、是天生的，也是永恒的。

"抽象的个人"因此产生了，之所以抽象，正是因为被剥夺了历史性、社会性、关系性。无前提的、不受任何条件制约的、绝对独立的个人，处在某种虚幻的离群索居中的"神人"，在现实生活中不存在也不可能存在。独立的个人不是自然的、天然的、永恒的，而是历史形成的、后天练就的、不断变化的。

只有在艺术化的作品中，我们才会看到那个鲁滨逊似的个人，那个独立的、孤立的因而也是抽象的主体。实际上，即使是鲁滨逊，他也不是一个完全离群索居的独立的个人，他也要与"星期五"结成社会联系，他所从事的生产也不是自然的，本身也是社会的，他只不过依据在原来的社会关系中习得的经验进行生产。

这样一套建立在"抽象的个人"基础上的理论，注定是站不住脚的，只能是思想家美好想象的绚丽展示。无论是斯密、李嘉图的"猎人和渔夫"的故事，还是卢梭的"天生独立的主体"的故事，

文学作品

尽管看似符合我们的感性直观，尽管打动人心，但归根结底只是一种有一定想象力的无法绽放的理论之花，而不是对人类社会历史的科学把握。

3

马克思其实隐含地指出，斯密、李嘉图、卢梭虽然看到了"市民社会"的出现，看到了在商品交换、市场经济中，每个人都要在各种形式的社会联系中实现自己的目的，并且把社会联系看作达到他们目的的手段，然而他们选择了认定个人就是利己的主体，在强调保障个体权利基础上，容忍了一切人与一切人为敌的"市民社会"的关系不可解决、永恒存在。既然关系不可理顺，那就保护好个体的权利，而越保护个体的权利，就越纵容所有人之间关系的不可改变，也就越来越容忍一部分人永远不能获得独立，不能获得自由和解放。因为，在所有人与所有人为敌的社会状态中，总有人是不能独立的、不能自由的。

不能天然地设想人自然就是独立的、自由的，这样做只会把个人从日常的现实生活中抽象出来，无助于分析现实的社会，因而也不可能有助于问题的解决。如果只讲天生独立的个体，只强调保障个体的权利，不关注现实的生产活动和现实的"他者"，抑或仅仅将他人妖魔化为对立于自己的存在物，不以肯定性的视角处理人与人之间的各种社会关系，就只能使一切美好沦为虚构与错觉，成为麻痹个人的意识形态，所有需要被解决的社会问题，最终都在政治理论中得到了合法的确认与辩护。

建立在独立的个人基础上的理论，注定无法解决大多数人的独立、自由、解放的问题，只有建立在社会个人基础上的理论，才有可能解决。马克思借助于亚里士多德的话写道："人是最名副其实的政治动物，不仅是一种合群的动物，而且是只有在社会中才能独立的动物。"① 人在社会之外是不能独立的，在社会中才能获得真正的独立。这就要求必然从社会关系中实现大多数人的独立，其实也就是大多数人的自由。

社会个人，最终还是落脚在个人上。我们容易误认马克思只讲社会、阶级、集体，唯独不讲个

---

① 《马克思恩格斯文集》第8卷，人民出版社2009年版，第6页。

人，只讲社会公平，不讲个人自由。这种观点是站不住脚的。马克思当然讲个人、讲个人自由，只是他强调的不是少数个人的自由，而是大多数个人的自由。他主张的不是通过保障所谓先天的个体自由的权利实现大多数人的自由，而是只有在理顺每个人和其他人的社会关系、满足"每个人的自由发展是一切人的自由发展的条件"的情况下才能实现大多数人的自由。

个人既要受到生产力发展水平和来自自然界的制约，也必然受到生产关系、分工体系的社会制约。个人的独立和自由，要随着社会的改变才能得到实现，要随着生产方式的改变才能得到实现。马克思也看到，在以资本主义生产方式为基础的现代社会，人与人的社会关系表现为"外在的必然性"，人的关系不能被人所驾驭，关系一旦生成，人就不能随心所欲地改变它，反而还会被这种已经结成的关系所塑造。人的本质无法达到哲学家所设想的理想状态，或者无法实现我们想象的应然的人的状况，恰恰是因为我们不能改变社会关系本身。个人的独立和自由的核心问题，就在于人与人的关系如何属于人自身而不是成为人本身无法控制的外在力量，就在于如何通过改变各种各样的社会关系改变人的本质。

　　只要是社会中的人，就是历史中的人。社会关系对人的规定是横向的，而由于时间的流动，社会本身处于历史的变动之中，处于社会中的人也自然被赋予了纵向的规定性。在这点上，马克思是乐观的，他认为这种纵向的规定性是通往光明的、通往理想实现的，社会关系不是永远作为"外在的必然性"，随着人类社会的进步，社会个人必将改变社会、必将理顺关系、必将实现每个人的自由发展。

只要是社会中的人，就是历史中的人。

人的历史

二、"生产一般"：合理的抽象及其限度

生产的一切时代有某些共同标志，共同规定。生产一般是一个抽象，但是只要它真正把共同点提出来，定下来，免得我们重复，它就是一个合理的抽象。不过，这个一般，或者说，经过比较而抽出来的共同点，本身就是有许多组成部分的、分为不同规定的东西。

1

当我们说到生产时，总是指在一定社会发展阶段上的生产，但当我们说特定社会发展阶段上的生产时，又离不开贯穿于人类社会一切时代的生产。这就涉及"生产一般"与"生产特殊"的讨论。

马克思提出的问题是，研究生产，要么是把历史发展过程在它的各个阶段上的生产——加以研

究，要么一开始就指出是对一定历史时代的某种生产进行研究。他明确提出自己要研究的本题就是"现代资产阶级生产"，但又不得不处理这种特殊的生产和一切时代共同规定的生产之间的关系。

"生产一般"，是经过比较不同历史阶段的生产而提炼出来的共同点，是一切时代的生产的共同标志、共同规定。说是一切时代，其实也不全是。主体是人，客体是自然，这算得上一切时代生产的特点。有的是几个时代的生产共有的特点，比如原始社会与共产主义社会的公有制，比如奴隶社会、封建社会、资本主义社会的私有制。

一定要记住是"生产一般"而不是"生产共同"，不是所有时代共同拥有的特点也可以称为"生产一般"。也不能因为有特殊，某个历史时代没有，就否定"生产一般"的存在。"生产一般"无疑是一个抽象，在马克思看来，这是合理的抽象，把共同点提炼出来，免得之后重复，是必要的。

马克思还用了另外一个词，那就是"一般的生产"。在任何时代，生产总是一个个特殊的生产部门，比如农业、畜牧业、制造业等，这些可以称为"特殊的生产"。"生产也不只是特殊的生产，而始

终是一定的社会体即社会的主体在或广或窄的由各
生产部门组成的总体中活动着"①。特殊的生产构成
的生产总体，也就是"一般的生产"。这个词是对
一个国家或一个社会形态下不同类型的生产形式的
总称。要探讨的是在特定社会阶段中，生产的一般
规定（整个社会的生产）与特殊生产形式（比如工
业生产、农业生产）的关系。

与"生产一般"对应的是"生产特殊"，与
"一般的生产"或"总体的生产"对应的是"特殊
的生产（部门或形式）"。

"生产一般"与"一般的生产"之间不是割裂
的。马克思指出，"如果没有生产一般，也就没有
一般的生产"②，这是对两者之间关系的说明。"生
产一般"作为对人类历史上一切时代、一切国家、
一切社会形态下生产共同性的抽象表达，规定了什
么样的活动算作生产，决定了特定时代、特定国
家、特定社会形态下一般的、总体的生产的划定范
围。特定历史阶段的一般的、总体的生产，都是来

---

① 《马克思恩格斯文集》第 8 卷，人民出版社 2009 年版，第 10 页。

② 《马克思恩格斯文集》第 8 卷，人民出版社 2009 年版，第 9 页。

自之前历史阶段一般的、总体的生产的继承，具有
某些共同点。

　　要探究生产，"生产一般"与"一般的生产"
范畴，都是不可或缺的。"生产一般"，这是研究生
产必要的前提，人类社会生产的继承性和共同性就
在这里，研究特定历史阶段的生产、研究我们这个
时代的生产，也不能否定这个"生产一般"存在的
合理性。"一般的生产"，包括农业、工业、畜牧业
等所有生产部门或形式的共同性就在这里，没有这
个，对具体社会形态下生产的研究就会变成松散
的、分门别类的技术性介绍。

2

　　在承认"生产一般"作为合理抽象的前提下，
马克思又指出了这一抽象的局限性及其可能带来的
问题。马克思指出："一切生产阶段所共有的、被
思维当做一般规定而确定下来的规定，是存在的，
但是所谓一切生产的一般条件，不过是这些抽象要
素，用这些要素不可能理解任何一个现实的历史的

生产阶段。"① 他提醒，不能忘了，"对生产一般适用的种种规定所以要抽出来，也正是为了不致因为有了统一（主体是人，客体是自然，这总是一样的，这里已经出现了统一）而忘记本质的差别"②。"生产一般"像是必经之路上的沼泽地，很容易陷入其中不能自拔，从而忘了为何出发。

"生产一般"只是一个抽象，不能代替和遮蔽具体，不能抹杀差别。抽象出来一般的目的，恰恰是为了研究具体、明晰差别。停留在"生产一般"的层面，实际上是没有多少现实意义的。黑格尔也曾指出过，"一个所谓哲学原理或原则，即使是真的，只要它仅仅是个原理或原则，它就已经也是假的了"③。走出抽象的一般，是一个必要的环节。用"生产一般"不可能解释社会产生、发展和灭亡的规律，还有可能将某种"生产特殊"一般化，为其进行永恒化论证。

马克思描述了这种套路，揭示了那些试图证明

---

① 《马克思恩格斯文集》第8卷，人民出版社2009年版，第12页。

② 《马克思恩格斯文集》第8卷，人民出版社2009年版，第9页。

③ 黑格尔：《精神现象学》上卷，贺麟、王玖兴译，商务印书馆1979年版，第14页。

没有生产工具，没有过去的、积累的劳动，任何生产都是不可能的。

资本也是生产工具

现存社会关系永存与和谐的经济学家的全部智慧就在于如何使人们忘记这种差别：没有生产工具，没有过去的、积累的劳动，任何生产都是不可能的，而"资本，别的不说，也是生产工具，也是过去的、客体化了的劳动。可见资本是一种一般的、永存的自然关系"①。也就是说，现代经济学家将资本视为一种过去的、积累的劳动，仅仅以"资本"的生成性来理解历史，对资本主义以前的发展阶段展现出不屑一顾的过程性理解，又忽视了作为生产工具的积累劳动转化为资本的特殊历史条件，否定雇佣剥削关系在资本之所以成为资本中的决定性意义。由此，他们将资本视作一种永恒的自然的生产工具，既是非关系的，也是非历史的。这必然将导致连原始人的棍棒与石块都成为资本的荒谬理论后果。

在马克思看来属于庸俗经济学家的凯里，曾站在新兴的美国资产阶级的立场上，将北美大陆"如此迅速地、如此惊人地和如此顺利地发展的生产关

---

① 《马克思恩格斯文集》第8卷，人民出版社2009年版，第9页。

系看作是社会生产和交往的永恒的正常关系"①。凯里认为，欧洲资本主义国家出现的问题，不是资本主义本身的问题，而是政府对经济的干预打破了和谐的资本主义社会。他的全部分析和批判都基于将资本主义生产关系视为永恒的前提，从而使生产关系转变的历史成为"历代政府的恶意篡改"。

以凯里为代表的经济学家们整体上只是将资本视作生产资料，并没有认识到资本的生产关系本质，却以抽象的"一般"代替具体的"特殊"。这一理论上的颠倒，将生产描写为"与历史无关的永恒自然规律之内的事情"，并借此将资产阶级关系"当做社会一般的颠扑不破的自然规律"，将生产的资本主义特殊形式视为永恒的唯一形式。

事实上，《导言》之所以被暂时搁置，恰恰也是因为马克思希望读者不被"一般"所充斥双眼而导致无法实现对具体的关注和分析。此时的马克思正逐渐放弃从"生产一般"出发来写一本关于生产的著作的想法。

---

① 《马克思恩格斯全集》第30卷，人民出版社1995年版，第4页。

3

遵循"生产一般"的写作思路，经济学家会在著作的开头摆上一个"总论"部分，用来论述一切生产的一般条件，马克思认为这是当时"时髦的做法"。这个"总论"至少应当包括两个方面，其一是进行生产所必不可缺少的条件，摆出一切生产的基本要素，其二是或多或少促进生产的条件，比如种族的素质，气候，自然环境如离海的远近、土地肥沃程度等，也包括亚当·斯密所说的前进的和停滞的社会状态，前进的社会状态是有利于促进生产的条件。

马克思针对性地指出，其实这并不是"总论"真正要说的，其真正要说的就是资本主义生产方式是历史的必然，是永恒的存在。比如，认定无论任何一个历史阶段，都必须有从事特定劳动的人，都必须有奴隶、农奴、雇佣工人，都必须保证他们得到一定量的食物，这是天经地义、不容否定的。而认为一切时代的生产都有劳动者，劳动者是生产的条件，实际上就把雇佣劳动关系看作了必然的现象，看作人类社会历史进程中取得的重大进步。

在这个"总论"部分，马克思认为当时的经济学家提出了两个要点，一是财产，一是司法、警察等对财产的保护。对于第一个要点，马克思指出，生产必然是对自然的占有，不能把财产看作生产的一个条件，这样做就犯了同义反复的错误。而且，把财产看作生产的条件，实际上就把私有财产永恒化了。私有财产是永恒的吗？不是，只要考察人类社会的历史就能轻易发现，共同财产才是财产占有的原始形式。将私有制视为生产的一般条件，将财产占有与财产的私人占有混同起来，无视了最初的"共同财产"存在形式。

第二个要点，是对既得物的保护，这被认为是天经地义的。司法、警察保护财产因此是保护更好地生产的必要条件，也因此具有天然的正当性。相比较而言，经济学家将资本主义生产方式确立之前的强权看作生产的阻碍，忘记了强权本身也是特定生产方式所形成的法的关系，而且并不是说在现代法治国家就不存在了，马克思提醒道："资产阶级经济学家只是感到，在现代警察制度下，比在例如强权下能更好地进行生产。他们只是忘记了，强权也是一种法，而且强者的权利也以另一种形式继续存在于他们的'法治国家'中。"①

马克思总结出来的具有原理性的话是，"每种生产形式都产生出它所特有的法的关系、统治形式等等"②。这无疑是历史唯物主义的基本观点，可以据此说，马克思确立了生产以及生产形式在法哲学中的基础性概念地位。生产形式才是法的关系的基础，不能反过来，把法的关系、统治形式看作生产的条件。法的关系绝不是永恒化、超历史的，它受特定生产形式的决定，也随着生产关系的改变而改变，不能把某统治形式说成是合法的、正当的甚至永恒的、超历史的。资本主义国家形式、法的关系只是被特定社会历史阶段的"生产特殊"生产出来的，它们随生产方式以及生产关系的变化而改变。

"生产一般"内嵌着一些生产永恒的属性，也容易赋予"生产特殊"永恒性。可以说，"生产一般"作为抽象是永恒的，作为"生产特殊"的资本主义生产方式以及与之相应的私有财产法权却不是永恒的。

---

① 《马克思恩格斯文集》第8卷，人民出版社2009年版，第12页。
② 《马克思恩格斯文集》第8卷，人民出版社2009年版，第12页。

三、生产与分配、交换、消费：
一个总体的各个环节

　　我们得到的结论并不是说，生产、分配、交换、消费是同一的东西，而是说，它们构成一个总体的各个环节，一个统一体内部的差别。生产既支配着与其他要素相对而言的生产自身，也支配着其他要素。

1

　　谈到生产，与之相对应的往往是分配、交换、消费。应该如何把握生产与分配、交换、消费之间的关系？马克思用很大的篇幅进行了论述。同样，他是从对之前经济学家的批判开始的，认为他们把分配、交换、消费并列起来，平等地看待这些环节在社会经济中的地位。基本的思路是：

生产表现为起点。在生产中，社会成员占有、开发、创造自然产品供人类需要，制造出适合需要的对象，用哲学化的语言来说即人的客体化。

分配表现为中间环节。在分配中，社会以一般的、占统治地位的规定的分配规律，决定生产出来的产品归个人的种类、比例和数量，发挥生产和消费之间的中介作用。

交换也表现为中间环节。在交换中，个人可以通过分配所得到的产品去换取他想要的其他产品，也就是依照个人需要把已经分配的东西再分配。与分配相比，交换是由个人的偶然的规定来中介的，是从个人出发的要素，而分配是从社会出发的要素。

消费表现为终点。在消费中，产品脱离社会运动，变成享受的对象、个人占有的对象，供个人享受而满足需要，用哲学化的语言表达，就是"物主体化"。

在马克思看来，这种对生产、分配、交换、消费关系的理解，确实是一个"正规的三段论法"："生产是一般，分配和交换是特殊，消费是个别，全体由此结合在一起。"① 这当然是一种联系，然而是一种肤浅的联系。

令人尴尬的现实是，这种理解还停留在这个时代我们的头脑中。这种肤浅的表象，实际上也是很容易得到认同的，我们会认为这不是正确的吗？现实情况不就是这样的吗？

在当时也有不同意这种"正规的三段论法"的，反对者提出的理由首先在于这种观念把联系着的东西粗野地割裂了，没有把这些要素放在统一中来考察，其二是它过于重视生产，把生产当做目的，没有看到分配同样重要，没有把分配当做与生产并列的独立自主的领域。

在马克思看来，这些反对者与他们所反对的人处在同一水平，甚至还低于他们。他们认为这种割裂是人为造成的，实际上是现实本身就存在着生产、分配、交换、消费之间的区分，他们只是来强调对概念做辩证的平衡，而不是依据社会现实作出合理的分析。

从做学问的角度看，马克思做了一个很好的

---

① 《马克思恩格斯文集》第 8 卷，人民出版社 2009 年版，第 13 页。

研究综述，把相关两个方面的观点都用简要的语言进行了概括，不是罗列一个个观点，而是对这些观点进行了高度凝练。站在前人的肩膀上言说，看到前人所取得的成果，才能让自己的观点直接走向前人所达不到的高度，看到前人所存在的问题，才能形成科学的理解。跟着马克思，我们会透过表象，看到生产与分配、交换、消费之间不一样的关系。

2

马克思首先阐述的是生产和消费的辩证关系。为什么要从生产和消费的关系开始？按一般的逻辑，生产是开始，消费是终点，这一对关系应该最后讲，马克思先讲开始和终点两个环节的关系，打破了经济学家将重点放在分配、交换的思维惯式，强调了生产和消费才是分配、交换的目的和归宿，显然能给人一种更大的冲击。

生产与消费是什么样的关系呢？简单说就是，你中有我，我中有你。一方面，生产就是消费，

"生产行为本身就它的一切要素来说也是消费行为"①。在物质资料的生产过程中，劳动者使用生产工具加工原料，同时消耗人的体力脑力和使用生产资料。这是生产的消费，其本质就是主体和客体双重消费的过程。另一方面，消费就是生产。消费包括生产消费（消费劳动对象和劳动资料）和个人消费（消费劳动产品），无论从哪方面来说，生产性都是消费性的另一侧面。生产消费不必多说，所有原材料的投入都昭示了这一点；而在吃喝中，人实际上也是通过消费劳动产品来生产自己的身体，进而生产出劳动力。生活资料的个人消费，是劳动力的再生产，是与消费同一的"第二种生产"。

生产与消费也互相依存。生产创造出消费的材料，消费的对象来自生产；消费创造了产品的主体，产品在主体的消费中得以最后完成。马克思举例子说，一条铁路，如果没有通车、不被磨损、不被消费，就只是可能性的铁路而非现实的铁路。生产与消费互相"创造"——消费创造出生产的动力，消费的完成标志着生产的结束。而生产给予消费的不

①《马克思恩格斯文集》第8卷，人民出版社2009年版，第14页。

仅仅是直接的对象，更有消费的规定性，生产决定着消费。

生产与消费还有对立的一面。在现实中，产品完成以后，生产者对产品的关系就是一种外在的关系，无法主导消费者的消费。消费不一定会配合生产，完全可以导致生产的过剩，使生产遭遇困境。因此，否认生产与消费的矛盾是一种思辨式的哲学考察，是一种脱离现实的考察。就是有经济学家否定这种矛盾，这在萨伊定律中尤为明显。萨伊认为，一个民族的生产就是它的消费，供给自动创造需求，不会出现生产过剩的危机，更不可能出现就业不足。后来凯恩斯虽然指出了萨伊定律所赖以成立的局限性，但没有从根本上阐述其错误之处。如果从马克思对生产与消费的思考出发，萨伊定律的错误本质上就是只见生产和消费的统一而不见对立，将统一绝对化。生产与消费、供给和需求是经济发展的一体两面，两者之间平衡是相对的，不平衡是绝对的，必然要以生产为着力点解决不平衡问题，这是马克思遗留给我们的重要启示。

关于生产与分配的关系，马克思强调的是生产对分配的决定。土地、劳动和资本，既作为生产要素出现，也作为分配的内容表现为地租、工资和利息（或利润），分配关系和分配方式只是表现为生产要素的背面。分配的对象是生产的产物，分配的水平取决于生产的发展水平，分配的形式取决于以一定的生产资料所有制形式为基础的劳动者和生产资料的结合形式。

但在一些经济学家的分析中，与将生产视为永恒自然规律的观点相反，分配则被视为"人们事实上可以随心所欲"的、仅仅受社会规律甚至是主观意志支配的环节。对马克思来说，分配与生产不是并列的、各自独立的，分配本身也必须遵循客观规律，不可能是随意的，实际上也是由生产所决定的，表面上是分配先于生产，实际上是生产先于分配。当然，生产条件的分配是生产的一部分，是生产的前提和条件，但即使生产条件的分配也是一定历史生产形式的产物，是由生产方式，归根结底是由生产力决定的，法律、暴力对分配的影响只是上层建筑对经济基础的反作用。在生产与分配的关系中，看到生产问题的根本性，聚焦于生产关系而不是分配关系，强调生产的决定性作用，是马克思主义区别于自由主义的根本体现。

在生产与交换的关系方面，马克思明确指出，"交换只是生产和由生产决定的分配一方同消费一方之间的中介要素"①，"交换就其一切要素来说，或者是直接包含在生产之中，或者是由生产决定"②。在生产过程的协作分工中，劳动者之间会发生劳动能力和劳动活动的交换，而在产品交换中，一个产业链条上的不同市场主体之间无论是否属于一个企业，都会进行必要的原材料和半成品的交换，这两种行为都从属于整个生产过程本身。

在《导言》中，马克思把流通也作为交换的一部分。交换是劳动活动和劳动产品的交换，流通则是直接生产过程之外产品或商品的交换，流通是"从交换总体上看的交换"。劳动产品的运输、包装、存储等过程，仍然属于生产过程在流通中的继续，不仅完全决定于生产，而且本身也是生产行为。对于更为普遍的商品的流通，虽然与生产漠不相干，但实质上仍然由生产决定。交换的性质取决于生产的性质，没有生产的社会分工就没有这种交

① 《马克思恩格斯文集》第 8 卷，人民出版社 2009 年版，第 22 页。
② 《马克思恩格斯文集》第 8 卷，人民出版社 2009 年版，第 23 页。

换。交换的深度、广度和方式，都是由生产的发展和结构决定的，生产越发展，交换的产品数量和范围就越多越广。

3

在分析生产和消费、分配、交换的关系之后，马克思有一段总结性的话："我们得到的结论并不是说，生产、分配、交换、消费是同一的东西，而是说，它们构成一个总体的各个环节，一个统一体内部的差别。生产既支配着与其他要素相对而言的生产自身，也支配着其他要素。"[①] 这段话有三个需要把握的点：

第一个是"总体""统一体"和有机整体。生产和分配、交换、消费虽然是有差别的，但它们共同组成了社会生产和再生产的总体，在现实社会中本来就是不能分割的。作出区分也只是为了让人们更好地把握经济社会现实，而不能起反作用，使得从更好把握现实的范畴走向对人类社会现实的遮

---

① 《马克思恩格斯文集》第8卷，人民出版社2009年版，第23页。

生产和分配、交换、消费虽然是有差别的，但它们共同组成了社会生产和再生产的总体，在现实社会中本来就是不能分割的。

有机整体

蔽。处理四者之间的关系，要求有系统性思维、全局性思维，孤立地看某个环节，只想着解决某个环节的问题，注定无法作出科学的分析，也不能实现问题的解决。

第二个是支配要素或决定要素。在这个统一体中，四个环节不是并列平行的，要看到生产起到支配的、决定的作用，而不是分配或者其他要素。"过程总是从生产重新开始。交换和消费不能是起支配作用的东西，这是不言而喻的。分配，作为产品的分配，也是这样。"① 一定的生产决定一定的消费、分配、交换，以及这些不同要素相互间的一定关系。抓住生产，就能看到现代资本主义生产方式的秘密之所在，也就能抓住"牛鼻子"找到解决问题的思路。

第三个是相互作用。不同要素之间存在着相互作用。每一个有机整体都是这样，马克思并没有否定分配、交换、消费对生产具有不可忽视的反作用，认为也会出现"生产就其单方面形式来说也决定于其他要素"的情况。市场的扩大、分配的变

---

① 《马克思恩格斯文集》第8卷，人民出版社2009年版，第23页。

动、消费的需求，都是促进生产发展或阻碍生产进步的重要条件。现代社会的流动性、经济社会的复杂性，需要我们全面地、辩证地看待这些环节间的相互作用。

值得强调的是，在探讨生产和分配、交换和消费关系的问题时，这里的生产只是作为现代经济运行过程中的一个环节，如果把这四个环节看作一个总体，看作一个统一体内部的差别，那这个总体或统一体的称呼，也可以定为生产。在这个意义上说，一切都是生产的，无论是分配、交换还是消费，还有与之并列的生产，其实都属于生产，对经济之外的社会各领域来说，只有一个生产，这个生产是包含四个环节的生产。就此而言，马克思在《导言》中，其实还有一个广义的生产和狭义的生产，或者"大生产"与"小生产"的区分。这种区分不是人为制造的，而是符合现实的，是服务于人类知识把握社会现实的目的的。

四、考察生产的方法：
从具体到抽象还是从抽象到具体？

在一切社会形式中都有一种一定的生产决定其他一切生产的地位和影响，因而它的关系也决定其他一切关系的地位和影响。这是一种普照的光，它掩盖了一切其他色彩，改变着它们的特点。这是一种特殊的以太，它决定着它里面显露出来的一切存在的比重。

1

按照马克思自己的思路，在考察完与生产并列的几个项目之后，应该进一步分析生产，但他并没有这样做，反而忽然加进来一个关于"政治经济学的方法"的部分。这部分看起来似乎偏离了对生产的分析，认真读起来会发现，马克思是在为如何叙述生产尤其是为如何叙述他说的研究本题即资本主义生产方式进行方法层面的探索。

这部分读起来是比较吃力的，而且也容易带来争议。马克思用了"第一条道路"和"第二条道路"的说法，还使用了"后一种方法"的表达，自然我们也会得出还有"前一种方法"的假设。他所说的第一条道路或前一种方法，是从人口、民族、国家等出发，也就是从实在和具体开始，从现实的前提开始，经过分析找出一些有决定意义的抽象的一般的关系，如分工、货币、价值等，实现"完整的表象蒸发为抽象的规定"。

在马克思看来，这条道路似乎是正确的，但更仔细地考察起来，则是错误的。对我们而言，从具体到抽象，看到了具体的现实，然后进行抽象的思索，这种方法不正是我们面对我们的生活进行深入思考的正确进路吗？为什么会被认为是错的呢？

马克思其实没有完全否认这条道路，指出它是经济学在历史上走过的道路，而且确立了分工、货币、价值这些抽象的范畴，在经济学产生和发展进程中起过积极作用。而且，研究必须占有充分的材料，失去了现实的、具体的材料支撑，理论研究就失去了滋养和生命力，研究只有从具体出发，基于对材料的具体的分析才能得出成果。

之所以说这条道路是错误的，是因为抛开构成人口的阶级，人口就是一个抽象，而如果不知道这些阶级所依据的因素，如资本与雇佣劳动等，阶级又是一句空话，而雇佣劳动、资本这些因素，又是以交换、分工、价格等为前提的。人口只是关于整体的一个"混沌的表象"，如果从人口开始建立经济学体系，在分析中达到越来越"稀薄的抽象"、获得一些最简单的规定，将无法揭示这个复杂整体的诸多规定性和本质。

在这个基础上，马克思进一步提出了他称之为"科学上正确的方法"的"后一种方法"，"抽象的规定在思维行程中导致具体的再现"①。这种方法从抽象的规定出发，从劳动、分工、需要、交换价值这些简单的东西上升到国家、国际交换和世界市场，回到具体，回到人口，只不过"这回人口已不是关于整体的一个混沌的表象，而是一个具有许多

---

① 《马克思恩格斯文集》第8卷，人民出版社2009年版，第25页。

规定和关系的丰富的总体了"①。

马克思似乎是在很明显地谈论政治经济学的两条道路、两种方法，并且似乎又很明确地指出了前一种方法的错误、后一种方法的科学，带来了中西方学界的广泛争论。先要说明，国内外学界把前一种方法称为"从具体到抽象的方法"，后一种方法称为"从抽象到具体的方法"，这样的概括并不能说不符合马克思的原意，只是马克思确实没有明确给这两条道路命名，也没有提出所谓的"前一种方法"，更没有把这种方法直接说成是"从具体到抽象的方法"，而且他也没有把后一种方法明确称为"从抽象到具体的方法"。

只是，马克思讲完第二条道路即"抽象的规定在思维行程中导致具体的再现"之后，为了防止这种方法被错误理解为黑格尔的思辨哲学，他提出："黑格尔陷入幻觉，把实在理解为自我综合、自我深化和自我运动的思维的结果，其实，从抽象上升到具体的方法，只是思维用来掌握具体、把它当做一个精神上的具体再现出来的方式。但决不是具体

---

① 《马克思恩格斯文集》第8卷，人民出版社2009年版，第24页。

本身的产生过程。"① "从抽象到具体的方法"可以理解为就是第二种方法，也可以理解为它是两种方法、两条道路的概括。因为我们会发现，两者并不是平行的、并列的，反倒是接续的，是不可分割的一个过程。从抽象到具体的方法或者说科学的抽象法，应该包括从具体到抽象、从抽象到具体，应该是一个"具体—抽象—具体"的过程。

正是基于此，国内外学者往往会从《资本论》第一卷第二版跋中提出的研究方法和叙述方法来对比分析从抽象到具体的方法。马克思清晰地指出，"在形式上，叙述方法必须与研究方法不同"②，研究必须充分地占有材料，分析它的各种发展形式，探寻这些形式的内在联系，而只有这项工作完成以后，现实的运动才能适当地叙述出来。基于此，有观点把从具体到抽象的方法理解为研究方法，把从抽象到具体的方法理解为叙述方法。这种对应无疑是有一定合理性的。

根据上下文来看，马克思在《导言》的这个部

---

① 《马克思恩格斯文集》第 8 卷，人民出版社 2009 年版，第 25 页。

② 《马克思恩格斯文集》第 5 卷，人民出版社 2009 年版，第 21 页。

分谈论的确实是叙述方法，是写一本政治经济学著作应该写什么内容、应该采用什么样的写作方法。不过这种对应也有一定的问题，那就是无论是研究方法还是叙述方法，都不能割裂抽象和具体，研究方法有时候也需要从抽象到具体，叙述方法有时候也需要从具体到抽象，不能僵化地、形而上学地作出区分。

确认了从抽象到具体的方法或者说科学的抽象法，是包含"具体—抽象—具体"过程的方法，还要明白这种方法的特质是什么。这一点可以通过与黑格尔的思辨哲学比较得出来。黑格尔哲学的前提不是具体而是抽象，把从抽象上升到具体的过程看作是思维创造客观实在的过程，把现实中实在的具体理解为思维"自我综合、自我深化和自我运动"的结果，因此陷入了唯心主义的"幻觉"。从抽象上升到具体的方法或者说科学的抽象法，"只是思维用来掌握具体、把它当做一个精神上的具体再现出来的方式"，这个"再现"的过程"决不是具体本身的产生过程"。

具体本身就存在着，具体是前提、是基础，具体本身在人的头脑之外保持着它的独立性，相对于思维来说，具体始终作为前提。抽象当然也很重要，是真正把握具体的必然环节，不经过抽象的概念的分析，就很难真正地把握具体，或者说具体就只能被理解为片面的、表象的具体。比如，人口这个具体，经过了抽象，才从一个混沌的表象变成了具有许多规定性的综合。起点是具体，落脚点也是具体，只不过具体已经发生变化，"具体之所以具体，因为它是许多规定的综合，因而是多样性的统一。因此它在思维中表现为综合的过程，表现为结果，而不是表现为起点，虽然它是现实的起点，因而也是直观和表象的起点"①。

经过抽象，我们面对的具体就不再只是直观的、表象的、混沌的，而变成"思想总体""思想具体"。总体性的、整体性的具体，也就是"具体总体"。"具体总体作为思想总体、作为思想具体，事实上是思维的、理解的产物；但是，决不是处于直观和表象之外或驾于其上而思维着的、自我产生着的概念的产物，而是把直观和表象加工成概念这

---

① 《马克思恩格斯文集》第8卷，人民出版社2009年版，第25页。

一过程的产物。"①

　　总的来说，从抽象到具体的方法，强调的是抽象理论以具体的社会历史现实为中心，总体再现历史，再进一步就是改造历史的科学方法。这种方法否定了从直观的现实出发落脚到抽象理论体系建构的教科书式的思维进路，也否定了黑格尔式的思维或绝对精神的观念逻辑组装社会现实的辩证方法。这个方法就是我们真正把握我们面对的具体的过程，就是思维把握存在的过程。通过这个方法，我们才能透过具体的表象把握内在的本质，真正认识我们面对的对象，具备科学把握现实社会并且推动人类社会进步的能力。

2

　　运用从抽象上升到具体的方法进行政治经济学叙述，会出现"比较简单的范畴"和"比较具体的范畴"之分，马克思重点分析了两者的关系，并探讨了两种类型的范畴与人类社会历史发展的关系。

---

　　① 《马克思恩格斯文集》第8卷，人民出版社2009年版，第25页。

按道理说，与"比较简单的范畴"对应的是比较复杂的范畴，马克思使用的却是"比较具体的范畴"的表述，这里的"具体"又该如何理解？它显然不是作为现实起点的直观和表象的具体，而是已经在思维中表现为综合的、具有许多规定的具体，这里的"具体"不是跟抽象相对的具体，而是经过思维抽象过的具体。也就是说，比较具体的范畴一定是比较复杂的，但是复杂的却不一定是具体的，因为复杂意味着现实的丰富性仍未被思维充分掌握，意味着科学的抽象的过程尚未完成。据此，我们就可以理解马克思为什么会在这里使用"比较具体的范畴"而非"比较复杂的范畴"，"具体"与"复杂"两个词，含义肯定不同。

哪些是比较简单的范畴？哪些是比较具体的范畴？通过马克思举的例子，我们会看到，"占有"作为比较简单的范畴，与之相对的比较具体的范畴则是"所有权"；"货币"是比较简单的范畴，与之相对的比较具体的范畴则是"资本"。比较简单和比较具体，确实是"比较"的产物。有比较简单的范畴，才有比较具体的范畴；有比较具体的范畴，就一定有比较简单的范畴。

马克思提出的问题是，比较简单的范畴在比较具体的范畴以前是否也有一种独立的历史存在或自然存在呢？答案是，要看情况而定。比如占有和所有权，两者是一同出现的，都随着国家、法律的出现而出现。占有这个比较简单的范畴，相对于所有权这个比较具体的范畴，没有过独立的历史存在。有占有，就有了所有权，讲所有权，其中一定有占有的意思。只不过，所有权这个比较具体的范畴，用来表现更高级、更发达的现实社会之下更复杂的人的联系或关系，占有在比较高级的社会只是用来表现比较简单的关系。

货币这个比较简单的范畴在历史上，则是早于资本这个比较具体的范畴而存在的。在资本、银行、雇佣劳动等存在之前，货币在历史上就已经存在，当然货币并没有出现于所有社会，也没有在所有社会都发挥出强有力的作用。在古代社会，货币只是在一些商业民族中才是处于支配地位的因素。在古希腊和古罗马那里，货币的充分发展只出现在它们的解体时期。可以说，货币"这个十分简单的范畴，在历史上只有在最发达的社会状态下才表现出它的充分的力量。它决没有历尽一切经济关系"①。

在马克思看来，只要是范畴，无论是比较简单的范畴还是比较复杂的范畴，都是历史的产物，都有一个历史的生成过程，而且都反映特定的生产关系、社会关系，并且随着社会历史的发展而发生变化。比较简单的范畴会发展到比较具体的范畴，对应于社会从不发展到发展、从低级到高级阶段，两者的进程是一致的。因此马克思说："在这个限度内，从最简单上升到复杂这个抽象思维的进程符合现实的［M－16］历史过程"②，"比较简单的范畴，虽然在历史上可以在比较具体的范畴之前存在，但是，它在深度和广度上的充分发展恰恰只能属于一个复杂的社会形式，而比较具体的范畴在一个比较不发展的社会形式中有过比较充分的发展。"③

为此，马克思又举了"劳动"这个范畴作为例子："劳动似乎是一个十分简单的范畴。它在这种一般性上——作为劳动一般——的表象也是古老

① 《马克思恩格斯文集》第8卷，人民出版社2009年版，第27页。
② 《马克思恩格斯文集》第8卷，人民出版社2009年版，第26页。
③ 《马克思恩格斯文集》第8卷，人民出版社2009年版，第27页。

的。但是，在经济学上从这种简单性上来把握的
'劳动'，和产生这个简单抽象的那些关系一样，是
现代的范畴。"① 劳动，确实十分简单，伴随着人的
生产过程从古至今一直存在，但它作为一个范畴，
作为"劳动一般"（不是一般意义上的劳动），作为
马克思所说的思想具体、具体总体，作为科学的抽
象的范畴被使用，则是现代的事情，在其背后是人
类的劳动本身经过了比较充分的发展，是资本主义
社会这个复杂的社会形式出现。

　　劳动最终成为比较具体的范畴经历了怎样的历
史过程？马克思作出了详细的说明。早期的货币主
义把财富看成完全客观的东西，看成自身之外的
物，存在于货币中。重工主义或重商主义在认识上
进步很大，把财富的源泉从对象转到主体的活动即
商业劳动和工业劳动中，但只把这种活动本身理解
为局限于取得货币的活动。重农主义则把劳动的农
业形式看作创造财富的劳动，不再把对象本身看作
裹在货币的外衣之中，而是看作劳动的一般成果
了。真正"大大地前进了一步"的是亚当·斯密，

---

① 《马克思恩格斯文集》第8卷，人民出版社2009年版，第27页。

他抛开创造财富的活动的所有规定性，认定财富就是"过去的、对象化的劳动"，既不是工业劳动又不是商业劳动也不是农业劳动，但又既是这种劳动又是那种劳动，就是劳动一般，即去掉各种特殊性的、各种形式的劳动。

"劳动一般"的提出，标志着作为现代范畴的劳动有了丰富的全面的规定，标志着劳动成为创造财富的一般手段而不再是具有特殊性的规定。"劳动一般"的提出以客观历史进程所带来的"各种现实劳动组成的一个十分发达的总体"为前提，以各种各样的劳动具有同质性为前提，以人类劳动的无差别性为前提。"对任何种类劳动的同样看待，适合于这样一种社会形式，在这种社会形式中，个人很容易从一种劳动转到另一种劳动，一定种类的劳动对他们说来是偶然的，因而是无差别的。"[①] 这种社会形式，就是现代资本主义社会，"无差别"体现在都是雇佣劳动，无论从事哪种劳动都是为了获取工资收入而维持生活，都可能是不太需要特殊的技能而需要机械化操作就可以完成的。

① 《马克思恩格斯文集》第 8 卷，人民出版社 2009 年版，第 28 页。

劳动这个例子令人信服地表明，抽象的规定性本身也是历史条件的产物，"最一般的抽象总只是产生在最丰富的具体发展的场合"①，"这个被现代经济学提到首位的、表现出一种古老而适用于一切社会形式的关系的最简单的抽象，只有作为最现代的社会的范畴，才在这种抽象中表现为实际上真实的东西"②。劳动成为"实际上真实的东西"，成为政治经济学的"起点"，不是经济学家、思想家人为建构出来的范畴，背后是人类社会的历史进程。这就是马克思作为哲学家的风采，他从一个最简单的范畴，以小见大，看到了历史进程，看到了经济学家的步步推进，看到了社会现实的决定作用。

对于这个问题，学界还引申出逻辑与历史相统一的方法的问题。恩格斯在为马克思《政治经济学批判》写的书评中曾指出，对经济学的批判可以采用历史和逻辑两种方式。两种方式并不矛盾，逻辑方法尽管是正确的方式，实际上仍然是历史的方式。抽象的思维进程也就是逻辑，与现实的历史进

---

① 《马克思恩格斯文集》第 8 卷，人民出版社 2009 年版，第 28 页。
② 《马克思恩格斯文集》第 8 卷，人民出版社 2009 年版，第 29 页。

程在总的方向上是一致的。但是，历史的发展是跳跃的、曲折的，充满着扰乱的因素，决定了逻辑与历史的进程并不总是保持一致。这就是恩格斯对这种方法的注解，既看到了历史与逻辑在总体上的必然的平行性，也尊重历史进程中的偶然性。这一内容经过马克思的校订，应该说反映了他的本意。

3

在以劳动范畴为例讲完抽象的范畴与现实的社会的关系之后，马克思回到了本题，他告诉我们，无论是提出从抽象到具体的方法，还是分析简单的范畴与比较具体的范畴，都是为了分析现代资本主义生产方式，以及建立在此基础上的现代资产阶级社会，这个最发达、最多样性的历史的生产组织。从这里我们就能看到，一切都是有目的的、有逻辑的，万变不离其宗，形散而神不散，马克思讲政治经济学的方法，还是为了进入对生产方式、生产组织的分析。

马克思指出："无论在现实中或在头脑中，主体——这里是现代资产阶级社会——都是既定的；

现代资产阶级社会，一切都由资本所支配，资本成为支配一切的经济权力。

操纵资本

因而范畴表现这个一定社会即这个主体的存在形式、存在规定、常常只是个别的侧面；因此，这个一定社会在科学上也决不是在把它当做这样一个社会来谈论的时候才开始存在的。"① 范畴不是万能的，不能被范畴挡住对现实社会的分析。运用经济范畴建立科学理论体系，必须要在"一定社会"中把握主体。无论在现实中或在头脑中，主体都是既定的，而经济范畴表现作为主体的这个"一定社会"的"存在形式、存在规定"，常常只是个别的侧面。

现代资产阶级社会这个最发达、最多样性的历史的生产组织，不是凭空来的，它建立在之前一切覆灭的社会形式的结构和生产关系的基础上，建立在这些之前社会形式的残片和因素的基础上，其中一部分是未被克服的遗物继续留存（比如占有），一部分原来没有充分发展现在发展到具有充分意义（比如货币、劳动）。对这些范畴的理解，有助于对资本主义的结构性理解，也有助于对之前覆灭的社会形式的结构和生产关系的理解。这是历史唯物主

---

① 《马克思恩格斯文集》第 8 卷，人民出版社 2009 年版，第 30 页

义的方法论的应用，不是只分析现代社会的生产关系和社会形式，而是将其放在历史的进程之中考察。

马克思接着就从经济范畴的现实本源出发，探讨了不同社会形态间的关系，提出了以"人体解剖"与"猴体解剖"类比的、被称为"从后思索"的方法。他说："人体解剖对于猴体解剖是一把钥匙。反过来说，低等动物身上表露的高等动物的征兆，只有在高等动物本身已被认识之后才能理解。因此，资产阶级经济为古代经济等等提供了钥匙。"①

资本主义是人类历史上最发达的生产方式，研究它可以为研究古代经济提供"钥匙"。但要记住，提供的只是钥匙，而不是一切工具，因为早期形式的各种关系，在它里面常常以萎缩的或者歪曲的形式出现，不能仅仅指望着靠对资本主义生产方式的分析，就能完全理解封建的、古代的经济。资本主义的经济范畴并非适用于一切以往的社会形式，不能抹杀资本主义与其他生产方式之间的一切历史差别，也不能抹杀资本主义时代的事物与其他时代的

---

① 《马克思恩格斯文集》第8卷，人民出版社2009年版，第29页。

事物的不同，例如不能将资本主义时代的地租等同为封建时代的代役租、什一税。要警惕的是，资产阶级经济学总是把过去的形式看成是向着资本主义社会发展的阶段，总是对过去的形式作片面的理解。因此，他们都预设了资本主义逻辑的必然性，常常把整个历史看作朝着资本主义前进的过程，很少进行自我批判。

在这里，我们可以顺着马克思的话追问，如果说人体解剖对于猴体解剖是一把钥匙的话，那么猴体解剖对于人体解剖来说是什么呢？对前资本主义生产方式的分析对于分析资本主义生产方式来说意味着什么呢？我们以研究现代资本主义生产方式为目的，那对其他生产方式的分析应该服务于这个目的，应该用猴体解剖来服务于对人体的研究，这才是正确的思路，以人为中心更看重的肯定是人体解剖，那猴体解剖的意义在哪？

可以说，它是一面镜子。猴体解剖的意义在于，它能让我们看到人体解剖可能遭遇的情况和困境，会让我们更好看到人体里面的某些细胞和器官的来源与秘密。对前资本主义生产方式的分析，会让我们看到资本主义生产方式的传承，意识到它也不可能是永恒的。

那么，对资本主义生产方式的"人体解剖"，应该从什么开始？从地租、从土地所有制似乎再自然不过，因为它们是同土地，即同一切生产和一切存在的源泉结合着的，而且也是同一切多少固定的社会的最初的生产形式即同农业结合着的。如果对经济范畴的安排，以它们在历史上起决定作用的先后次序来安排，那么从与土地和农业紧密相连的地租和土地所有制开始，这是"再自然不过的"。可惜的是，马克思认为，"这是最错误不过的了"。

原因在于，这样做没有抓住"牛鼻子"，没有抓住问题的核心。"在一切社会形式中都有一种一定的生产决定其他一切生产的地位和影响，因而它的关系也决定其他一切关系的地位和影响。这是一种普照的光，它掩盖了一切其他色彩，改变着它们的特点。这是一种特殊的以太，它决定着它里面显露出来的一切存在的比重。"①

何谓以太？这是源自亚里士多德提出的概念。在他看来，地球是由"火、气、水、土"四种元素

① 《马克思恩格斯文集》第8卷，人民出版社2009年版，第31页。

组成的，而在地球之外则充满着被称为"第五元素"的以太。以太是一种"看不见、摸不着"的奇幻物质，是起着决定性的特殊元素，马克思使用"特殊的以太"和"普照的光"的表述，就是来强调在现代社会中起着决定性、主宰性作用的东西。他面对的现代社会形式是资产阶级社会，他所说的一定的生产就是工业生产，而"特殊的以太"和"普照的光"可以说就是资本。

现代资产阶级社会，一切都由资本所支配，资本成为支配一切的经济权力。资本必须成为起点又成为终点，必须放在土地所有制以及其他的一切要素之前来说明。答案总算揭晓了，就像我们看一部悬疑剧，曲折离奇，千头万绪，最后水落石出，原来是它。"影视剧"的最后，还出现一段话，作出必要的说明："把经济范畴按它们在历史上起决定作用的先后次序来排列是不行的，错误的。它们的次序倒是由它们在现代资产阶级社会中的相互关系决定的，这种关系同表现出来的它们的自然次序或者符合历史发展的次序恰好相反。"①

---

① 《马克思恩格斯文集》第 8 卷，人民出版社 2009 年版，第 32 页。

就像一部电影最后的演员表，不一定按照每个角色在电影中的出场顺序来排列，而可能会把扮演重要角色的主演放在前面一样，在一部政治经济学著作中，也不应是按照经济范畴在历史上的出场顺序来排列，而应该是依据这个经济范畴所起到的作用大小来排序。一部关注现代资本主义生产方式的政治经济学著作，经济范畴次序的排列应该突出资本的首要地位，应该先完成"资本论"。马克思的思路自此才开始明确下来，在政治经济学巨著的规划中，他是先写作《资本论》的，可惜的是《资本论》也并未完成。在《资本论》中，马克思按照商品、货币、资本、利润、地租的顺序来处理经济范畴，坚持了逻辑的发展同历史的发展的统一。

我们可以看看，他在《导论》中留下的分析资本主义社会经济关系的分篇结构，这个结构由一般的抽象的规定（或多或少属于一切社会形式）、形成资产阶级社会内部结构并且成为基本阶级的依据的范畴、资产阶级社会在国家形式上的概括、生产的国际关系、世界市场和危机组成。在之后的研究过程中，马克思进一步修改和完善了这个计划，但基本思路是一致的。

在这里，我们能够看出马克思的巨著是怎么来的，与我们写作者一样，也是思来想去：框架应该是什么、应该从何说起、如何叙述。没有人天生是思想家，只有苦苦思索、找到正路、做好规划、不断调整的人，才有可能到达思想的殿堂。

五、物质生产与艺术生产的不平衡发展

希腊人是正常的儿童。他们的艺术对我们所产生的魅力，同这种艺术在其中生长的那个不发达的社会阶段并不矛盾。这种艺术倒是这个社会阶段的结果，并且是同这种艺术在其中产生而且只能在其中产生的那些未成熟的社会条件永远不能复返这一点分不开的。

1

物质生产和艺术生产的关系，是马克思在《导论》的最后部分重点探讨的问题。他在一篇关于生产的"总的导言"中，用很大篇幅来着墨艺术生产本身的独立性，为什么？马克思为什么要提出物质生产和艺术生产的问题呢？

马克思在《导言》开篇讲"摆在面前的对象，

首先是物质生产"。这里的用词是"首先",而不是
"唯一"。尽管物质生产是一切人类生存的第一个前
提,是"生产"概念中最具根本性的部分,但将
"生产"与"物质生产"等同,正如将"劳动"与
"体力劳动"等同一样,是完全错误的。

艺术生产是生产中不可或缺的一部分,具有非
常重要的作用。人类社会不仅要生产出用以满足人
们吃穿住用行的物质,也得生产出满足人的精神方
面需要的艺术(包括文学、音乐、哲学等)。不谈
艺术生产,并不符合人类社会的真实状况。人与其
他动物一样需要满足自身肉体需要,但人有自身的
独立而自由的意识,以及独特的审美需求,以艺术
生产为代表的精神生产,对于满足人的审美需求来
说不可或缺,甚至可以说与人本身的发展有一种近
乎本质性的关系。

我们不能将艺术生产理解为只是少数人所从事
的活动,认为大多数人没有机会从事,只有享受艺
术生产的产品的分。艺术生产不是从事艺术的人专
有的活动,只要作为生产者,在自己的生产过程中
也同样可以有艺术的"范儿",也能将自己的物质
生产过程同时变成艺术生产过程,从而把自己的生

产活动变成艺术的源泉。

艺术生产不是少数人的专利，而是大多数人的实践活动，这是历史唯物主义不同于其他理论的重要特征。就此可以说，只要是人，就是"艺术人"，每个人的一生都可以称为"艺术人生"，受艺术的熏陶，从事艺术的实践。而一旦把艺术生产纳入生产中，生产就绝不是一种人不得不从事的、所谓的上帝施加给人的"诅咒"，亦不是外在于人的活动，而是最基本的现实的人的活动。

2

马克思没有花力气来强调艺术生产的重要性，他重点探讨的是物质生产和艺术生产的关系，再具体点说就是物质生产的发展和艺术发展的不平衡关系问题。

按照习以为常的观点，经济基础决定上层建筑，艺术作为上层建筑，物质生产作为经济基础，物质生产对艺术生产具有决定性作用，因此应该是物质生产越发展，艺术越繁荣。马克思、恩格斯在不同的文本中，也确实不止一次强调过这一方面的

艺术生产不是少数人的专利，而是大多数人的
实践活动，这是历史唯物主义不同于其他理论
的重要区别。

艺术来源于生活

意思，即特定的艺术生产形式总是同物质生产方式、社会发展阶段相适应，如马克思在《1844年经济学哲学手稿》中指出"艺术等等，都不过是生产的一些特殊的方式，并且受生产的普遍规律的支配"①；又如他们在《德意志意识形态》中指出"人们的想象、思维、精神交往在这里还是人们物质行动的直接产物"②。

在《导论》中，马克思却突出强调了艺术生产与物质生产的不平衡性。"关于艺术，大家知道，它的一定的繁盛时期决不是同社会的一般发展成比例的，因而也决不是同仿佛是社会组织的骨骼的物质基础的一般发展成比例的。"③ 决不是物质基础（马克思形象比喻为"社会组织的骨骼"）发展，艺术就发展；决不是社会繁荣发展，艺术就一定会繁盛。他恰恰要回答的是：为什么在生产力不发展也就是物质生产发展水平较低的阶段，人们却创造了之后物质生产发达的社会所不能创造出来的艺术形式？为什么物质生产的发展同艺术发展会有这种不

---

① 《马克思恩格斯文集》第1卷，人民出版社2009年版，第186页。

② 《马克思恩格斯文集》第1卷，人民出版社2009年版，第524页。

③ 《马克思恩格斯文集》第8卷，人民出版社2009年版，第34页。

平衡的关系呢？

　　这个问题的探讨无疑是重要的，是避免把历史唯物主义理解为经济决定论的理论探讨，在今天读来，也依然是我们打破固定理解模式甚至僵化理解模式的突破口。马克思以希腊艺术、史诗为例，本来他也想以莎士比亚的艺术为例，可惜的是最终他没有写，我们可以想想，如果他写的话，会写些什么？

　　古希腊时期出现了不可否认的艺术繁荣阶段，尽管当时的生产力水平低下，那种古老的艺术形式却可以跨越时间，甚至达到了现代艺术无法企及的水平。原因是什么？这是符合艺术发展的规律的，"当艺术生产一旦作为艺术生产出现，它们就再不能以那种在世界史上划时代的、古典的形式创造出来；因此，在艺术本身的领域内，某些有重大意义的艺术形式只有在艺术发展的不发达阶段上才是可能的"①。艺术具有不可复制性，因而与物质生产不同。物质生产是积累的过程，后人在前人的基础上创造财富，自然会创造出更多的财富，超越前人，

───────────

　　① 《马克思恩格斯文集》第8卷，人民出版社2009年版，第34页。

但艺术作品一旦被生产出来，就在艺术发展史上留下重重一笔，达到了一定高度，就很难被超越。艺术生产对独特创造的要求高，前人的创造虽然可能困难，却具有后来者可望而不可即的"先发优势"。人类几千年的发展是丰富的资源宝库，也是创造者的壁垒。一旦进入某一特定的创造领域，我们可能会被前人的智慧深深折服，也因此只能在留下来的狭窄空间内进行发挥。

希腊艺术所取得的成就，实际上是与希腊的物质现实、社会历史阶段分不开的。作为希腊艺术的构成部分、希腊艺术得以滋生和成长的土壤，希腊神话正是基于生产力落后条件下对自然力的神秘化幻想。也就是说，正是物质生产的不发达阶段，给了神话、给了人想象的空间，因此也给艺术形式创造了空间。"任何神话都是用想象和借助想象以征服自然力，支配自然力，把自然力加以形象化；因而，随着这些自然力实际上被支配，神话也就消失了。"① 可见，这种艺术生产的领先，恰恰源于生产力的落后给人们带来的更大的想象的空间。

---

① 《马克思恩格斯文集》第8卷，人民出版社2009年版，第35页。

　　人类社会生产力的不断发展，戳破了古代神话梦幻泡影的神秘化想象，我们对自然力的认识和支配能力的提高，使神话失去了存在的条件，因此，现代社会不可能生产出希腊史诗这种艺术形式。"希腊艺术的前提是希腊神话，也就是已经通过人民的幻想用一种不自觉的艺术方式加工过的自然和社会形式本身。这是希腊艺术的素材。"①

　　由于我们无法直接面对古典时代的素材，也就再也无法创造出古人所生产的独特艺术。随着人类社会的进步，人们对自然和社会的认识日益科学化，反倒再也产生不了古希腊的艺术了。我们真正的创造性只能来自时代赋予我们的生生不息、源源不断的新素材。这是时间赋予每个创造者独有的公平馈赠。

3

　　在分析完物质生产发展与艺术发展不平衡的原因后，马克思认为这个问题并不算困难，并不难回

---

① 《马克思恩格斯文集》第8卷，人民出版社2009年版，第35页。

无法企及

答，真正困难的另有其他问题，"困难不在于理解希腊艺术和史诗同一定社会发展形式结合在一起。困难的是，它们何以仍然能够给我们以艺术享受，而且就某方面说还是一种规范和高不可及的范本"①。

落后的历史阶段所创造出来的艺术作品，为什么还会给今天的我们以审美的享受？为什么人们还会留恋于古老时代艺术生产的作品而且不会觉得厌烦？人类漫长的历史进程中，就再也创造不了比那个时代更高水平的作品了吗？马克思确实提了一个非常重要的问题。他在回答这个问题时写下了这么一段话："一个成人不能再变成儿童，否则就变得稚气了。但是，儿童的天真不使成人感到愉快吗？他自己不该努力在一个更高的阶梯上把儿童的真实再现出来吗？在每一个时代，它固有的性格不是以其纯真性又活跃在儿童的天性中吗？为什么历史上的人类童年时代，在它发展得最完美的地方，不该作为永不复返的阶段而显示出永久的魅力呢？有粗野的儿童和早熟的儿童。古代民族中有许多是属于

---

① 《马克思恩格斯文集》第8卷，人民出版社2009年版，第35页。

这一类的。希腊人是正常的儿童。他们的艺术对我们所产生的魅力，同这种艺术在其中生长的那个不发达的社会阶段并不矛盾。这种艺术倒是这个社会阶段的结果，并且是同这种艺术在其中产生而且只能在其中产生的那些未成熟的社会条件永远不能复返这一点分不开的。"①

在这段话中，马克思以人本身的发展阶段即儿童和成人阶段，类比社会的发展阶段即古希腊阶段和现代阶段。在他看来，有粗野的、早熟的儿童，也有正常的儿童。有些民族属于前一类，究竟是哪些民族，马克思没有说明，他只强调了，希腊人是正常的儿童。一个正常的儿童，一定是因为他在特定阶段学会了应该学会的东西，拥有了应该拥有的独属于那个时期的气质。他是纯真的，他是美好的，他不粗野、不早熟。当我们长大成人，儿童的天真同样会使我们感到愉快，我们还会怀念自己儿童的天真，但我们再也回不去了。

古代的艺术就像我们回不去的美好童年一样，

① 《马克思恩格斯文集》第 8 卷，人民出版社 2009 年版，第 35—36 页。

被赋予了一层"时代滤镜"，因此展现出独有的永恒魅力。尽管社会的发展进步是客观的，但后一阶段并不构成对前一阶段的绝对否定。历史的发展是连续地流动，而非断层的割裂式前进，这种连续性本身就赋予了过去以价值和意义。

尽管一切历史都是当代史，但如果我们站在当下审视与评判过去，以回望的"预见"否定过去的成就，却是无意义的。有很多人喜欢在历史中寻求自身的英雄主义认同，无论这种谈论多么慷慨激昂、富含道理与智慧，都只是无意义的"纸上谈兵"。就像无论抱有何种遗憾我们都无法回到童年来弥补，童年本身之所以成为"回不去的美好"，其魅力与珍贵都恰恰来自它一去不复返。

4

马克思探讨物质生产和艺术生产发展的不平衡关系，有着什么样的意义？对于我们有什么样的启发？

特定的艺术生产是与一定的物质生产形式、社会发展阶段相对应的，物质生产是贯穿历史始终、有助于我们理解历史过程的"红线"。没有古希腊当时的社会条件，也就没有古希腊艺术。古代艺术发展的伟大成就同当时的物质生产条件并不矛盾，相反，恰恰是这种条件的独有反映和现实结果。

我们不能认为只有生产力高度发展才会有高度发展的艺术、高度发达的艺术一定得是发达社会历史阶段的产物。经济基础决定上层建筑，不发达的经济基础也可能会生产出发达的艺术作品，这也是历史唯物主义的题中之义。审视当今时代资本对艺术生产的支配，艺术生产服从于商品生产的逻辑，我们还可以看到"物质生产进步—艺术生产衰退"悖论的深层逻辑。

物质生产与艺术生产的不平衡，反映了艺术生产本身有其内在发展规律，难以按照物质生产的线性发展来直接衡量。"经济上落后的国家在哲学上仍然能够演奏第一小提琴"①，从这个角度来说，生产力发展与艺术成果的繁荣并不是亦步亦趋、如影随形的纯粹平行状态，"进步这个概念决不能在通

---

① 《马克思恩格斯文集》第10卷，人民出版社2009年版，第599页。

常的抽象意义上去理解"①。物质生产进步，艺术就进步，这就是抽象意义理解的进步。顺便说一下，马克思认为理解物质生产与艺术生产的关系，还是稍微容易的，更难的是理解生产关系与法的关系的不平衡发展问题，比如罗马私法超越了当时的生产关系，甚至达到了适合现代生产关系的地步。

人类社会的历史进程是需要人的主体性发挥的，是需要人在贫瘠的客观现实面前神奇般地创造的。不能说特定历史阶段的人神奇了一把，就违背了人类历史的客观规律。

在马克思看来，没有希腊神话，就没有希腊艺术。如果神话代表着人类的想象，那这种想象在今天依然是不可或缺的。如果只有神话这种想象的方式，那就应该保留"神话"。人类社会的发展需要给这种"神话"以存在的空间，正如马克思所说的，"埃及神话决不能成为希腊艺术的土壤或母胎。但是无论如何总得是一种神话。因此，决不是这样一种社会发展，这种发展排斥一切对自然的神话态

---

① 《马克思恩格斯文集》第8卷，人民出版社2009年版，第34页。

度，一切把自然神话化的态度"①。

不是说没有神话，就没有想象；神话可以没有，但想象不可以消失。没有想象，就没有艺术，也就没有创造。艺术生产代表着人本身特有的想象力和创造性，它充分地体现着人的主体性，可以说是以想象力面对人生、面向社会甚至推进人类历史进程变革的活动。就此而言，我们需要艺术生产，需要基于现实的更丰富的想象力来改变现实、助推社会进步。

---

① 《马克思恩格斯文集》第8卷，人民出版社2009年版，第35页。

结语　传承关于生产的学问

.

　　生产，是我们每个人都必然要从事的活动，对于人类社会的意义和价值怎么高估都不过分。但古今中外的思想家有多少人会把生产当作研究对象进行深入思考，会力求打造一门关于生产的学问呢？

　　纵观中西方思想史，生产可以说长期以来被贬斥和轻视。在柏拉图、亚里士多德等思想家看来，生产是一种对象性的活动，以外在的产品为最终目的，既非追求活动本身的善，又不追求永恒的真理，是工具性、手段性的活动；它既受到消费欲望的驱使，又受到作为前提和目的的外在对象之限制，是不自由的活动；它既不具有普遍性，又不具备超越性，是最低级的活动。

　　免于劳作之苦、事务之繁的思想家，怎么可能会去考察生产这样的活动？怎么会认为生产有研究的必要呢？

马克思无疑改变了人们对生产的印象，改变了人类社会思想史上生产的地位，强调了生产在人类社会历史中的根本意义。他将生产作为研究聚焦的对象，提炼出生产力、生产关系、生产方式、人的生产与物的生产、物质生产和艺术生产等核心范畴，可以说形成了内容十分丰富的生产理论。

"生产"问题是马克思主义理论中一个具有根本性的"元问题"。如果我们不了解思想史上对生产活动的贬斥，就不可能理解以生产为专门的研究对象、做一门关于生产的学问，有多么的惊世骇俗、石破天惊。一个耳熟能详、似乎无人不懂的"生产"，其中却能包含如此大的学问。马克思的研究无疑值得致敬，而向他致敬的方式，就是认真领会、继承和发展他关于生产的学问，形成思考我们这个时代生产问题的新见解。

关于生产的学问，不能离开人去谈论生产。有人才有生产，有生产就一定得有人。先要把人看作从事生产的人或生产者，看作处于生产关系中的社会个人，再把人看作拥有各种政治权利的自由的个体，才是我们做人的理论的正确进路，不从物质生产与生产关系出发看人，理论很容易沦为完全抽象

马克思的研究无疑值得致敬，而向他致敬的方式，
就是认真领会、继承和发展他关于生产的学问。

传承与研究

的学说。

关于生产的学问，不能抽象地谈论生产。生产一定是特定历史阶段中的生产，一定是某种社会形态下的生产，要将生产放在特定的社会阶段，放在一定的社会关系下去讨论，应该防止在谈论生产时不能跟踪分析生产的演变，看不到生产本身已经发生的变化，不去预见性地思考生产的未来走向。

关于生产的学问，不能孤立地谈论生产。要将生产与分配、交换、消费看作一个统一的有机体，要看到生产的决定性作用，但也不能忽视各要素之间的相互关系。要用总体性、系统性的思维看待各个要素，但也得重点突出，应该聚焦生产问题，不能离开生产去谈分配公平、去谈等价交换、去谈消费社会。

关于生产的学问，不能狭隘地谈论生产。要明确生产有狭义和广义之分，物质生产是生产中最为根本的构成部分，历史的发源地就在物质生产中，但也要认识到生产包含着广泛的内容，包括生活资料的生产、他人生命的生产（即繁殖）、社会关系的生产和精神的生产（思想观念意识的生产、艺术生产等）等。

关于生产的学问，不能只停留在经济领域谈生产。应该把生产放在整个社会之中去看，生产不独属于政治经济学，也属于法哲学、政治哲学等，要关注生产与国家形式、与法律的关系，看到生产中的所有权、财产权问题，思考生产领域中的自由、公平正义，甚至探究人在生产中的人生价值问题。

关于生产的学问，不能没有科学方法的支撑。应该提升抽象力，遵循"具体—抽象—具体"的过程，坚持逻辑与历史的统一，以"人体解剖"作为打开"猴体解剖"的钥匙，以"猴体解剖"来为"人体解剖"提供镜鉴，抓住特定生产方式中"特殊的以太"，重点分析我们这个时代依然需要审慎分析的资本逻辑，等等。

生产本身是一门大学问，对生产的研究也是一门大学问。传承关于生产的学问，要求我们面向现实、面向未来，聚焦关于生产的基本理论问题和重大现实问题。生产与生活、生产与劳动、物质生产与非物质生产，这些基本概念之间的区别值得厘清。平台经济在生产领域引起的巨大变革、消费社会对生产地位的冲击、生产领域中的劳资关系难题等，也要求我们紧跟时代作出理论的探索与回答。

附录 《〈政治经济学批判〉导言》

［M—1］A. 导言
I. 生产、消费、分配、交换（流通）

1. 生产

（α）摆在面前的对象，首先是物质生产。

在社会中进行生产的个人，——因而，这些个人的一定社会性质的生产，当然是出发点。被斯密和李嘉图当做出发点的单个的孤立的猎人和渔夫，属于18世纪的缺乏想象力的虚构。这是鲁滨逊一类的故事，这类故事决不像文化史家想象的那样，仅仅表示对过度文明的反动和要回到被误解了的自然生活中去。同样，卢梭的通过契约来建立天生独立的主体之间的关系和联系的"社会契约"，也不是以这种自然主义为基础的。这是假象，只是大大小小的鲁滨逊一类故事所造成的美学上的假象。其实，这是对于16世纪以来就作了准备、而在18世纪大踏步走向成熟的"市民社会"的预感。在这个自由竞争的社会里，单个的人表现为摆脱了自然联系等等，而在过去的历史时代，自然联系等等使他成为一定的狭隘人群的附属物。这种18世纪的个人，一方面是封建社会形式解体的产物，另一方面是16世纪以来新兴生产力的产物，而在18世纪的预言家看来（斯密和李嘉图还完全以这些预言家为依据），这种个人是曾在过去存在过的理想；在他们看来，这种个人不是历史的结果，而是历史的起点。因为按照他们关于人性的观念，这种合乎自然的个人并不是从历史中产生的，而是由自然造成的。这样的错觉是到现在为止的每个新时代所具有的。斯图亚特在许多方面同18世纪对立并作为贵族比较多地站在历史基础上，从而避免了这种局限性。

我们越往前追溯历史，个人，从而也是进行生产的个人，就越表现为不独立，从属于一个较大的整体：最初还是十分自然地在家庭和扩大成为氏族的家庭中；后来是在由氏族间的冲突和融合而产生的各种形式的公社中。只有到18世纪，在"市民社会"中，社会联系的各种形式，对个人说来，才表现为只是达到他私人目的的手段，才表现为外在的必然性。但是，产生这种孤立个人的观点的时代，正是具有迄今为止最发达的社会关系（从这种观点看来是一般关系）的时代。人是最名副其实的政治动物，不仅是一种合群的动物，而且是只有在社会中［M—2］才能独立的动物。孤立的一个人在社会之外进行生产——这是罕见的事，在已经内在地具有社会力量的文明人偶然落到荒野时，可能会发生这种事情——就像许多个人不在一起生活和彼此交谈而竟有语言发展一样，是不可思议的。在这方面无须多说。18 世纪的人们有这种荒诞无稽的看法是可以理解的，如果不是巴师夏、凯里和蒲鲁东等人又把这种看法郑重其事地引进最新的经济学中来，这一点本来可以完全不提。蒲鲁东等人自然乐于用编造神话的办法，来对一种他不知道历史来源的经济关系的起源作历史哲学的说明，说什么亚当或普罗米修斯已经有了现成的想法，后来这种想法就被实行了等等。再没有比这类想入非非的陈词滥调更加枯燥乏味的了。

因此，说到生产，总是指在一定社会发展阶段上的生产——社会个人的生产。因而，好像只要一说到生产，我们或者就要把历史发展过程在它的各个阶段上——加以研究，或者一开始就要声明，我们指的是某个一定的历史时代，例如，是现代资产阶级生产——这种生产事实上是我们研究的本题。可是，生产的一切时代有某些共同标志，共同规定。生产一般是一个抽象，但是只要它真正把共同点提出来，定下来，免得我们重复，它就是一个合理的抽象。不过，这个一般，或者说，经过比较而抽出来的共同点，本身就是有许多组成部分的、分为不同规定的东西。其中有些属于一切时代，另一些是几个时代共有的。[有些]规定是最新时代和最古时代共有的。没有它们，任何生产都无从设想；但是，如果说最发达的语言和最不发达的语言共同具有一些规律和规定，那么，构成语言发展的恰恰是有别于这个一般和共同点的差别。对生产一般适用的种种规定所以要抽出来，也正是为了不致因为有了统一（主体是人，客体是自然，这总是一样的，这里已经出现了统一）而忘记本质的差别。那些证明现存社会关系永存与和谐的现代经济学家的全部智慧，就在于忘记这种差别。例如，没有生产工具，哪怕这种生产工具不过是手，任何生产都不可能。没有过去的、积累的劳动，哪怕这种劳动不过是由于反复［M—3］操作而积聚在野蛮人手上的技巧，任何生产都不可能。资本，别的不说，也是生产工具，也是过去的、客体化了的劳动。可见资本是一种一般的、永存的自然关系；这样说是因为恰好抛开了正是使"生产工具"、"积累的劳动"成为资本的那个特殊。因此，生产关系的全部历史，例如在凯里看来，是历代政府的恶意篡改。

如果没有生产一般，也就没有一般的生产。生产总是一个个特殊的生产部门——如农业、畜牧业、制造业等，或者生产是总体。可是，政治经济学不是工艺学。生产的一般规定在一定社会阶段上对特殊生产形式的关系，留待别处（后面）再说。

最后，生产也不只是特殊的生产，而始终是一定的社会体即社会的主体在或广或窄的由各生产部门组成的总体中活动着。科学的叙述对现实运动的关系，也还不是这里所要说的。生产一般。特殊生产部门。生产的总体。

现在时髦的做法，是在经济学的开头摆上一个总论部分——就是标题为《生产》的那部分（参看约·斯·穆勒的著作），用来论述一切生产的一般条件。

这个总论部分包括或者据说应当包括：

（1）进行生产所必不可缺少的条件。因此，这实际上不过是摆出一切生产的基本要素。可是，我们将会知道，这些要素实际上归纳起来不过是几个十分简单的规定，而这些规定却扩展成浅薄的同义反复。

（2）或多或少促进生产的条件，如像亚当·斯密所说的前进的和停滞的社会状态。要把这些在亚·斯密那里作为提示而具有价值的东西提到科学意义上来，就得研究在各个民族的发展过程中各个时期的生产率程度——这种研究超出本题的范围，而这种研究同本题有关的方面，应在叙述竞争、积累等等时来谈。照一般的提法，答案总是这样一个一般的说法：一个工业民族，当它一般地达到它的历史高峰的时候，也就达到它的生产高峰。实际上，一个民族的工业高峰是在这个民族的主要任务还不是维护利润，而是谋取利润的时候达到的。就这一点来说，美国人胜过英国人。或者是这样的说法：例如，某些种族素质，气候，自然环境如离海的远近，土地肥沃程度等等，比另外一些更有利于生产。这又是同义反复，即财富的主客观因素越是在更高的程度上具备，财富就越容易创造。

［M—4］但是，这一切并不是经济学家在这个总论部分所真正要说的。相反，他们所要说的是，生产不同于分配等等（参看穆勒的著作），应当被描写成局限在与历史无关的永恒自然规律之内的事情，于是资产阶级关系就被乘机当做社会一般的颠扑不破的自然规律偷偷地塞了进来。这是整套手法的多少有意识的目的。在分配上，他们则相反地认为，人们事实上可以随心所欲。即使根本不谈生产和分配的这种粗暴割裂以及生产和分配的现实关系，总应该从一开始就清楚地看到：无论在不同社会阶段上分配方式如何不同，总是可以像在生产中那样提出一些共同的规定来，可以把一切历史差别混合或融化在一般人类规律之中。例如，奴隶、农奴、雇佣工人都得到一定量的食物，使他们能够作为奴隶、农奴和雇佣工人来生存。靠贡赋生活的征服者，靠税收生活的官吏，靠地租生活的土地所有者，靠施舍生活的僧侣，靠什一税生活的教

士，都得到一份社会产品，而决定这一份产品的规律不同于决定奴隶等等的那一份产品的规律。一切经济学家在这个项目下提出的两个要点是：（1）财产，（2）司法、警察等等对财产的保护。对此要极简短地答复一下：

关于第一点。一切生产都是个人在一定社会形式中并借这种社会形式而进行的对自然的占有。在这个意义上，说财产（占有）是生产的一个条件，那是同义反复。但是，可笑的是从这里一步就跳到财产的一定形式，如私有财产。（而且还以对立的形式即无财产作为前提条件。）历史却表明，共同财产（如印度人、斯拉夫人、古凯尔特人等等那里的共同财产）是原始形式，这种形式还以公社财产形式长期起着显著的作用。至于财富在这种还是那种财产形式下能更好地发展的问题，还根本不是这里所要谈的。可是，如果说在任何财产形式都不存在的地方，就谈不到任何生产，因此也就谈不到任何社会，那么，这是同义反复。什么也不占有的占有，是自相矛盾。

关于第二点。对既得物的保护等等。如果把这些滥调还原为它们的实际内容，它们所表示的就比它们的说教者所知道的还多。就是说，每种生产形式都产生出它所特有的法的关系、统治形式等等。粗率和无知之处正在于把有机地 [M—5] 联系着的东西看成是彼此偶然发生关系的、纯粹反思联系中的东西。资产阶级经济学家只是感到，在现代警察制度下，比在例如强权下能更好地进行生产。他们只是忘记了，强权也是一种法，而且强者的权利也以另一种形式继续存在于他们的"法治国家"中。

当与生产的一定阶段相应的社会状态刚刚产生或者已经衰亡的时候，自然会出现生产上的紊乱，虽然程度和影响有所不同。

总之，一切生产阶段所共有的、被思维当做一般规定而确定下来的规定，是存在的，但是所谓一切生产的一般条件，不过是这些抽象要素，用这些要素不可能理解任何一个现实的历史的生产阶段。

2. 生产与分配、交换、消费的一般关系

在进一步分析生产之前，必须考察一下经济学家拿来与生产并列的几个项目。

肤浅的表象是：在生产中，社会成员占有（开发、改造）自然产品供人类需要；分配决定个人分取这些产品的比例；交换给个人带来他想用分配给他的一份去换取的那些特殊产品；最后，在消费中，产品变成享受的对象，个人占有的对象。生产制造出适合需要的对象；分配依照社会规律把它们分配；交换依照个人需要把已经分配的东西再分配；最后，在消费中，

产品脱离这种社会运动，直接变成个人需要的对象和仆役，供个人享受而满足个人需要。因而，生产表现为起点，消费表现为终点，分配和交换表现为中间环节，这中间环节又是二重的，分配被规定为从社会出发的要素，交换被规定为从个人出发的要素。在生产中，人客体化，在消费中，物主体化；在分配中，社会以一般的、占统治地位的规定的形式，担任生产和消费之间的中介；在交换中，生产和消费由个人的偶然的规定性来中介。

分配决定产品归个人的比例（数量）；交换决定个人拿分配给自己的一份［M—6］所要求的产品。

生产、分配、交换、消费因此形成一个正规的三段论法：生产是一般，分配和交换是特殊，消费是个别，全体由此结合在一起。这当然是一种联系，然而是一种肤浅的联系。生产决定于一般的自然规律；分配决定于社会的偶然情况，因此它能够或多或少地对生产起促进作用；交换作为形式上的社会运动介于两者之间；而消费这个不仅被看成终点而且被看成最后目的的结束行为，除了它又会反过来作用于起点并重新引起整个过程之外，本来不属于经济学的范围。

反对政治经济学家的人们——不论这些反对者是不是他们的同行——责备他们把联系着的东西粗野地割裂了，这些反对者或者同他们处于同一水平，或者低于他们。最庸俗不过的责备就是，说政治经济学家过于重视生产，把它当做目的本身。说分配也是同样重要的。这种责备的立足点恰恰是这样一种经济观点，即把分配当做与生产并列的独立自主的领域。或者是这样的责备，说没有把这些要素放在其统一中来考察。好像这种割裂不是从现实进到教科书中去的，而相反地是从教科书进到现实中去的，好像这里的问题是要对概念作辩证的平衡，而不是解释现实的关系！

（a）[**生产和消费**]

生产直接也是消费。双重的消费，主体的和客体的。[第一，]个人在生产过程中发展自己的能力，也在生产行为中支出、消耗这种能力，这同自然的生殖是生命力的一种消费完全一样。第二，生产资料的消费，生产资料被使用、被消耗、一部分（如在燃烧中）重新分解为一般元素。原料的消费也是这样，原料不再保持自己的自然形状和自然特性，而是丧失了这种形状和特性。因此，生产行为本身就它的一切要素来说也是消费行为。不过，这一点是经济学家所承认的。他们把直接与消费同一的生产，直接与生产合一的消费，称做生产的消费。生产和消费的这种同一性，归结为斯宾诺莎的命题："规定就是否定"。

[M—7] 但是，提出生产的消费这个规定，只是

为了把与生产同一的消费跟原来意义上的消费区别开来，后面这种消费被理解为起消灭作用的与生产相对的对立面。现在我们来考察一下这个原来意义上的消费。

消费直接也是生产，正如在自然界中元素和化学物质的消费是植物的生产一样。例如，在吃喝这一种消费形式中，人生产自己的身体，这是明显的事。而对于以这种或那种方式从某一方面来生产人的其他任何消费方式也都可以这样说。消费的生产。可是，经济学却说，这种与消费同一的生产是第二种生产，是靠消灭第一种生产的产品引起的。在第一种生产中，生产者物化，在第二种生产中，生产者所创造的物人化。因此，这种消费的生产——虽然它是生产和消费的直接统一——是与原来意义上的生产根本不同的。生产同消费合一和消费同生产合一的这种直接统一，并不排斥它们直接是两个东西。

可见，生产直接是消费，消费直接是生产。每一方直接是它的对方。可是同时在两者之间存在着一种中介运动。生产中介着消费，它创造出消费的材料，没有生产，消费就没有对象。但是消费也中介着生产，因为正是消费替产品创造了主体，产品对这个主体才是产品。产品在消费中才得到最后完成。一条铁路，如果没有通车、不被磨损、不被消费，它只是可能性的铁路，不是现实的铁路。没有生产，就没有消费；但是，没有消费，也就没有生产，因为如果没有消费，生产就没有目的。消费从两方面生产着生产：

（1）因为产品只是在消费中才成为现实的产品，例如，一件衣服由于穿的行为才现实地成为衣服；一间房屋无人居住，事实上就不成其为现实的房屋；因此，产品不同于单纯的自然对象，它在消费中才证实自己是产品，才成为产品。消费是在把产品消灭的时候才使产品最后完成，因为产品之所以是产品，不在于它是物化了的活动，而只是在于它是活动着的主体的对象。

（2）因为消费创造出新的生产的需要，也就是创造出生产的观念上的内在动机，后者是生产的前提。消费创造出生产的动力；它也创造出在生产中作为决定目的的东西而发生作用的对象。如果说，生产在外部提供消费的对象是显而易见的，那么，［M—8］同样显而易见的是，消费在观念上提出生产的对象，把它作为内心的图像、作为需要、作为动力和目的提出来。消费创造出还是在主观形式上的生产对象。没有需要，就没有生产。而消费则把需要再生产出来。

与此相应，就生产方面来说：

（1）它为消费提供材料，对象。消费而无对象，不成其为消费；因而在这方面生产创造出、生产出消费。

（2）但是，生产为消费创造的不只是对象。它也给予消费以消费的规定性、消费的性质，使消费得以完成。正如消费使产品得以完成其为产品一样，生产使消费得以完成。首先，对象不是一般的对象，而是一定的对象，是必须用一定的而又是由生产本身所中介的方式来消费的。饥饿总是饥饿，但是用刀叉吃熟肉来解除的饥饿不同于用手、指甲和牙齿啃生肉来解除的饥饿。因此，不仅消费的对象，而且消费的方式，不仅在客体方面，而且在主体方面，都是生产所生产的。所以，生产创造消费者。

（3）生产不仅为需要提供材料，而且它也为材料提供需要。一旦消费脱离了它最初的自然粗野状态和直接状态——如果消费停留在这种状态，那也是生产停滞在自然粗野状态的结果——，那么消费本身作为动力就靠对象来作中介。消费对于对象所感到的需要，是对于对象的知觉所创造的。艺术对象创造出懂得艺术和具有审美能力的大众，——任何其他产品也都是这样。因此，生产不仅为主体生产对象，而且也为对象生产主体。

因此，生产生产着消费：（1）是由于生产为消费创造材料；（2）是由于生产决定消费的方式；（3）是由于生产通过它起初当做对象生产出来的产品在消费者身上引起需要。因而，它生产出消费的对象，消费的方式，消费的动力。同样，消费生产出生产者的素质，因为它在生产者身上引起追求一定目的的需要。

因此，消费和生产之间的同一性表现在三方面：

（1）直接的同一性：生产是消费；消费是生产。消费的生产。生产的消费。国民经济学家把两者都称为［M—9］生产的消费，可是还作了一个区别。前者表现为再生产；后者表现为生产的消费。关于前者的一切研究是关于生产的劳动或非生产的劳动的研究；关于后者的研究是关于生产的消费或非生产的消费的研究。

（2）每一方表现为对方的手段；以对方为中介；这表现为它们的相互依存；这是一个运动，它们通过这个运动彼此发生关系，表现为互不可缺，但又各自处于对方之外。生产为消费创造作为外在对象的材料；消费为生产创造作为内在对象，作为目的的需要。没有生产就没有消费；没有消费就没有生产。这一点在经济学中是以多种形式出现的。

（3）生产不仅直接是消费，消费不仅直接是生产；生产也不仅是消费的手段，消费也不仅是生产的目的，就是说，每一方都为对方提供对象，生产为消费提供外在的对象，消费为生产提供想象的对象；两者的每一方不仅直接就是对方，不仅中介着对方，而且，两者的每一方由于自己的实现才创造对方；每一方是把自己当做对方创造出来。消费完成生产行为，只是由于消费使产品最后完成其为产品，只是由于消费把它消灭，把它的独立的物体形式消耗掉；只是由于消费使得在最初生产行为中发展起来的素质通过反复的需要上升为熟练技巧；所以，消费不仅是使产品成为产品的终结行为，而且也是使生产者成为生产者的终结行为。另一方面，生产生产出消费，是由于生产创造出消费的一定方式，其次是由于生产把消费的动力，消费能力本身当做需要创造出来。这第三项所说的这个最后的同一性，在经济学中常常是以需求和供给、对象和需要、社会创造的需要和自然需要的关系来说明的。

这样看来，对于一个黑格尔主义者来说，把生产和消费等同起来，是最简单不过的事。不仅社会主义美文学家这样做过，而且平庸的经济学家也这样做过。例如，萨伊说，就一个民族来说，它的生产也就是它的消费。或者就人类一般来说也是如此。施托尔希指出过萨伊的错误，他说，例如一个民族不是把自己的产品全部消费掉，而是还要创造生产资料等等，固定资本等等。此外，把社会当做一个单一的主体来考察，是对它作了不正确的考察；思辨式的考察。就一个主体来说，生产和消费表现为一个行为的两个要素。这里要强调的主要之点［M—9'］是：无论我们把生产和消费看做一个主体的活动或者许多个人的活动，它们总是表现为一个过程的两个要素，在这个过程中，生产是实际的起点，因而也是起支配作用的要素。消费，作为必需，作为需要，本身就是生产活动的一个内在要素。但是生产活动是实现的起点，因而也是实现的起支配作用的要素，是整个过程借以重新进行的行为。个人生产出一个对象和通过消费这个对象返回自身，然而，他是作为生产的个人和自我再生产的个人。所以，消费表现为生产的要素。

但是，在社会中，产品一经完成，生产者对产品的关系就是一种外在的关系，产品回到主体，取决于主体对其他个人的关系。他不是直接获得产品。如果说他是在社会中生产，那么直接占有产品也不是他的目的。在生产者和产品之间出现了分配，分配借社会规律决定生产者在产品世界中的份额，因而出现在生产和消费之间。

那么，分配是否作为独立的领域，和生产并列，处于生产之外呢？

（b）［生产和分配］

如果看看普通的经济学著作，首先令人注目的是，在这些著作里什么都被提出两次。举例来说，在分配上出现的是地租、工资、利息和利润，而在生产上作为生产要素出现的是土地、劳动、资本。说到资本，一开始就清楚，它被提出了两次：（1）作为生产要素；（2）作为收入源泉，作为决定一定的分配形式的东西。因此，利息和利润本身，就它们作为资本增长和扩大的形式，因而作为资本生产本身的要素来说，也出现在生产中。利息和利润作为分配形式，是以资本作为生产要素为前提的。它们是以资本作为生产要素为前提的分配方式。它们又是资本的再生产方式。

同样，工资是在另一个项目中被考察的雇佣劳动：在雇佣劳动的场合劳动作为生产要素所具有的规定性，在工资的场合表现为分配的规定。如果劳动不是规定为雇佣劳动，那么，劳动参与产品分配的方式，也就不表现为工资，如在奴隶制度下就是这样。最后，地租——我们直接来看地产参与产品分配的最发达的分配形式［M—10］——的前提，是作为生产要素的大地产（其实是大农业），而不是土地一般，就像工资的前提不是劳动一般一样。所以，分配关系和分配方式只是表现为生产要素的背面。个人以雇佣劳动的形式参与生产，就以工资形式参与产品、生产成果的分配。分配的结构完全决定于生产的结构。分配本身是生产的产物，不仅就对象说是如此，而且就形式说也是如此。就对象说，能分配的只是生产的成果，就形式说，参与生产的一定方式决定分配的特殊形式，决定参与分配的形式。把土地放在生产上来谈，把地租放在分配上来谈，等等，这完全是幻觉。

因此，像李嘉图那样一些经常被人责备为只看到生产的经济学家，却专门把分配规定为经济学的对象，因为他们直觉地把分配形式看成是一定社会中的生产各要素借以得到确定的最确切的表现。

在单个的个人面前，分配自然表现为一种社会规律，这种规律决定他在生产中的地位，他在这个地位上生产，因而分配先于生产。这个个人一开始就没有资本，没有地产。他一出生就由社会分配指定从事雇佣劳动。但是这种指定本身是资本、地产作为独立的生产要素存在的结果。

就整个社会来看，分配似乎还从一方面先于生产，并且决定生产；似乎是先于经济的事实。一个征服民族在征服者之间分配土地，因而造成了地产的一定的分配和形式；由此决定了生产。或者，它使被征服的民族成为奴隶，于是使奴隶劳动成为生产的基础。或者，一个民族经过革命把大地产分割成小块土地，从而通过这种新的分配使生产有了一种新的性质。或者，立法使地产永久属于一定的家庭，或者，把劳动［当做］世袭的特权来分配，因而把劳动像社会等级一样地固定下来。在所有这些历史上有过的情况下，似乎不是生产安排和决定分配，而相反地是分配安排和决定生产。

［M—11］照最浅薄的理解，分配表现为产品的分配，因此它离开生产很远，似乎对生产是独立的。但是，在分配是产品的分配之前，它是（1）生产工具的分配，（2）社会成员在各类生产之间的分配（个人从属于一定的生产关系）——这是同一关系的进一步规定。这种分配包含在生产过程本身中并且决定生产的结构，产品的分配显然只是这种分配的结果。如果在考察生产时把包含在其中的这种分配撇开，生产显然是一个空洞的抽象；相反，有了这种本来构成生产的一个要素的分配，产品的分配自然也就确定了。正因为如此，力求在一定的社会结构中来理解现代生产并且主要是研究生产的经济学家李嘉图，不是把生产而是把分配说成现代经济学的本题。从这里，又一次显出了那些把生产当做永恒真理来论述而把历史限制在分配范围之内的经济学家是多么荒诞无稽。

这种决定生产本身的分配究竟和生产处于怎样的关系，这显然是属于生产本身内部的问题。如果有人说，既然生产必须从生产工具的一定的分配出发，至少在这个意义上分配先于生产，成为生产的前提，那么就应该答复他说，生产实际上有它的条件和前提，这些条件和前提构成生产的要素。这些要素最初可能表现为自然发生的东西。通过生产过程本身，它们就从自然发生的东西变成历史的东西，并且对于这一个时期表现为生产的自然前提，对于前一个时期就是生产的历史结果。它们在生产本身内部被不断地改变。例如，机器的应用既改变了生产工具的分配，也改变了产品的分配。现代大地产本身既是现代商业和现代工业的结果，也是现代工业在农业上应用的结果。

上面提出的一些问题，归根到底就是：一般历史条件在生产上是怎样起作用的，生产和一般历史运动的关系又是怎样的。这个问题显然属于对生产本身的讨论和阐述。

[M—12] 然而，这些问题即使照上面那样平庸的提法，同样也可以给予简短的回答。所有的征服有三种可能。征服民族把自己的生产方式强加于被征服的民族（例如，英国人本世纪在爱尔兰所做的，部分地在印度所做的）；或者是征服民族让旧生产方式维持下去，自己满足于征收贡赋（如土耳其人和罗马人）；或者是发生一种相互作用，产生一种新的、综合的东西（日耳曼人的征服中一部分就是这样）。在所有的情况下，生产方式，不论是征服民族的，被征服民族的，还是两者混合形成的，总是决定新出现的分配。因此，虽然这种分配对于新的生产时期表现为前提，但它本身又是生产的产物，不仅是一般历史生产的产物，而

且是一定历史生产的产物。

例如，蒙古人根据他们生产即放牧的特点把俄罗斯弄成一片荒凉，因为大片无人居住的地带是放牧的主要条件。在日耳曼蛮族，用农奴耕作是传统的生产，过的是乡村的孤独生活，他们能够非常容易地让罗马各行省服从这些条件，因为那里发生的地产的积聚已经完全推翻了旧的农业关系。

有一种传统的看法，认为在某些时期人们只靠掠夺生活。但是要能够掠夺，就要有可以掠夺的东西，因此就要有生产。而掠夺的方式本身又决定于生产的方式。例如，掠夺一个从事证券投机的民族就不能同掠夺一个游牧民族一样。

在奴隶的场合，生产工具直接被掠夺。但在这种情况下，掠夺奴隶的国家的生产必须安排得容许使用奴隶劳动，或者必须建立一种适于使用奴隶的生产方式（如在南美等）。

法律可以使一种生产资料，例如土地，永远属于一定家庭。这些法律，只有当大地产同社会生产处于和谐中的时候，如像在英国那样，才有经济意义。在法国，尽管有大地产，但经营的是小规模农业，因而大地产就被革命打碎了。但是，土地分成小块的状态是否例如通过法律永远固定下来了呢？尽管有这种法律，财产却又积聚起来了。法律在巩固分配关系方面的影响和它们由此对生产发生的作用，要专门加以规定。

［M—13］（c）最后，交换和流通

流通本身只是交换的一定要素，或者也是从交换总体上看的交换。

既然交换只是生产和由生产决定的分配一方同消费一方之间的中介要素，而消费本身又表现为生产的一个要素，交换显然也就作为生产的要素包含在生产之内。

第一，很明显，在生产本身中发生的各种活动和各种能力的交换，直接属于生产，并且从本质上组成生产。第二，这同样适用于产品交换，只要产品交换是用来制造供直接消费的成品的手段。在这个限度内，交换本身是包含在生产之中的行为。第三，所谓实业家之间的交换，不仅从它的组织方面看完全决定于生产，而且本身也是生产活动。只有在最后阶段上，当产品直接为了消费而交换的时候，交换才表现为独立于生产之旁，与生产漠不相干。但是，（1）如果没有分工，不论这种分工是自然发生的或者本身已经是历史的结果，也就没有交换；（2）私人交换以私人生产为前提；（3）交换的深度、广度和方式都是由生产的发展和结构决定的。例如，城乡之间的交换，乡村中

的交换，城市中的交换等等。可见，交换就其一切要素来说，或者是直接包含在生产之中，或者是由生产决定。

我们得到的结论并不是说，生产、分配、交换、消费是同一的东西，而是说，它们构成一个总体的各个环节，一个统一体内部的差别。生产既支配着与其他要素相对而言的生产自身，也支配着其他要素。过程总是从生产重新开始。交换和消费不能是起支配作用的东西，这是不言而喻的。分配，作为产品的分配，也是这样。而作为生产要素的分配，它本身就是生产的一个要素。因此，一定的生产决定一定的消费、分配、交换和这些不同要素相互间的一定关系。当然，生产就其单方面形式来说也决定于其他要素。例如，当市场扩大，即交换范围扩大时，生产的规模也就增大，生产也就分得更细。随着分配的变动，例如，随着资本的积聚，随着城乡人口的不同的分配等等，生产也就发生变动。最后，消费的需要决定着生产。不同要素之间存在着相互作用。每一个有机整体都是这样。

［M—14］3. 政治经济学的方法

当我们从政治经济学的角度考察某一国家的时候，我们从该国的人口，人口的阶级划分，人口在城乡、海洋、在不同生产部门的分布，输出和输入，全年的生产和消费，商品价格等等开始。

从实在和具体开始，从现实的前提开始，因而，例如在经济学上从作为全部社会生产行为的基础和主体的人口开始，似乎是正确的。但是，更仔细地考察起来，这是错误的。如果我，例如，抛开构成人口的阶级，人口就是一个抽象。如果我不知道这些阶级所依据的因素，如雇佣劳动、资本等等，阶级又是一句空话。而这些因素是以交换、分工、价格等等为前提的。比如资本，如果没有雇佣劳动、价值、货币、价格等等，它就什么也不是。因此，如果我从人口着手，那么，这就是关于整体的一个混沌的表象，并且通过更切近的规定我就会在分析中达到越来越简单的概念；从表象中的具体达到越来越稀薄的抽象，直到我达到一些最简单的规定。于是行程又得从那里回过头来，直到我最后又回到人口，但是这回人口已不是关于整体的一个混沌的表象，而是一个具有许多规定和关系的丰富的总体了。

第一条道路是经济学在它产生时期在历史上走过的道路。例如，17世纪的经济学家总是从生动的整体，从人口、民族、国家、若干国家等等开始；但是他们最后总是从分析中找出一些有决定意义的抽象的一般的关系，如分工、货币、价值等等。这些个别要素一旦多少确定下来和抽象出来，从劳动、分工、需要、交换价值等等这些简单的东西上升到国家、国际交换和世界市场的各种经济学体系就开始出现了。

后一种方法显然是科学上正确的方法。具体之所以具体，因为它是许多规定的综合，因而是多样性的统一。因此它在思维中表现为综合的过程，表现为结果，而不是表现为起点，虽然它是现实的起点，因而也是直观和表象的起点。在第一条道路上，完整的表象蒸发为抽象的规定；在第二条道路上，抽象的规定在思维行程中导致具体的再现。

因此，黑格尔陷入幻觉，把实在理解为自我综合、自我深化和自我运动的思维的结果，其实，从抽象上升到具体的方法，只是思维用来掌握具体、把它当做一个精神上的具体再现出来的方式。但决不是具体本身的产生过程。举例来说，最简单的经济范畴，如交换价值，是以人口即在一定关系中进行生产的人口为前提的；也是以〔M—15〕某种家庭、公社或国家等为前提的。交换价值只能作为一个具体的、生动的既定整体的抽象的单方面的关系而存在。相反，作为范畴，交换价值却有一种洪水期前的存在。因此，在意识看来（而哲学意识就是被这样规定的：在它看来，正在理解着的思维是现实的人，而被理解了的世界本身才是现实的世界），范畴的运动表现为现实的生产行为（只可惜它从外界取得一种推动），而世界是这种生产行为的结果；这——不过又是一个同义反复——只有在下面这个限度内才是正确的：具体总体作为思想总体、作为思想具体，事实上是思维的、理解的产物；但是，决不是处于直观和表象之外或驾于其上而思维着的、自我产生着的概念的产物，而是把直观和表象加工成概念这一过程的产物。整体，当它在头脑中作为思想整体而出现时，是思维着的头脑的产物，这个头脑用它所专有的方式掌握世界，而这种方式是不同于对于世界的艺术精神的，宗教精神的，实践精神的掌握的。实在主体仍然是在头脑之外保持着它的独立性；只要这个头脑还仅仅是思辨地、理论地活动着。因此，就是在理论方法上，主体，即社会，也必须始终作为前提浮现在表象面前。

但是，这些简单的范畴在比较具体的范畴以前是否也有一种独立的历史存在或自然存在呢？要看情况而定。例如，黑格尔论法哲学，是从占有开始，把占有看做主体的最简单的法的关系，这是对的。但是，在家庭或主奴关系这些具体得多的关系之前，占有并不存在。相反，如果说存在着还只是占有，而没有所有权的家庭和部落整体，这倒是对的。所以，同所有权相比，这种比较简单的范畴，表现为比较简单的家庭团体或部落团体的关系。它在比较高级的社会中表

115

现为一个发达的组织的比较简单的关系。但是那个以占有为关系的比较具体的基础总是前提。可以设想有一个孤独的野人占有东西。但是在这种情况下，占有并不是法的关系。说占有在历史上发展为家庭，是错误的。占有倒总是以这个"比较具体的法的范畴"为前提的。但是，不管怎样总可以说，简单范畴是这样一些关系的表现，在这些关系中，较不发展的具体可以已经实现，而那些通过较具体的范畴在精神上表现出来的较多方面的联系或关系还没有产生；而比较发展的具体则把这个范畴当做一种从属关系保存下来。在资本存在之前，银行存在之前，雇佣劳动等等存在之前，货币能够存在，而且在历史上存在过。因此，从这一方面看来，可以说，比较简单的范畴可以表现一个比较不发展的整体的处于支配地位的关系或者一个比较发展的整体的从属关系，这些关系在整体向着以一个比较具体的范畴表现出来的方面发展之前，在历史上已经存在。在这个限度内，从最简单上升到复杂这个抽象思维的进程符合现实的［M—16］历史过程。

另一方面，可以说，有一些十分发展的、但在历史上还不成熟的社会形式，其中有最高级的经济形式，如协作、发达的分工等等，却不存在任何货币，秘鲁就是一个例子。就在斯拉夫公社中，货币以及作为货币的条件的交换，也不是或者很少是出现在各个公社内部，而是出现在它们的边界上，出现在与其他公社的交往中，因此，把同一公社内部的交换当做原始构成因素，是完全错误的。相反地，与其说它起初发生在同一公社内部的成员间，不如说它发生在不同公社的相互关系中。其次，虽然货币很早就全面地发生作用，但是在古代它只是在片面发展的民族即商业民族中才是处于支配地位的因素。甚至在最文明的古代，在希腊人和罗马人那里，货币的充分发展——在现代的资产阶级社会中这是前提——只是出现在他们解体的时期。因此，这个十分简单的范畴，在历史上只有在最发达的社会状态下才表现出它的充分的力量。它决没有历尽一切经济关系。例如，在罗马帝国，在它最发达的时期，实物税和实物租仍然是基础。那里，货币制度原来只是在军队中得到充分发展。它也从来没有掌握劳动的整个领域。

可见，比较简单的范畴，虽然在历史上可以在比较具体的范畴之前存在，但是，它在深度和广度上的充分发展恰恰只能属于一个复杂的社会形式，而比较具体的范畴在一个比较不发展的社会形式中有过比较充分的发展。

劳动似乎是一个十分简单的范畴。它在这种一般性上——作为劳动一般——的表象也是古老的。但是，在经济学上从这种简单性上来把握的"劳动"，和产生这个简单抽象的那些关系一样，是现代的范畴。例如，货币主义把财富看成还是完全客观的东西，看成自身之外的物，存在于货币中。同这个观点相比，重工主义或重商主义把财富的源泉从对象转到主体的活动——商业劳动和工业劳动，已经是很大的进步，但是，他们仍然只是把这种活动本身理解为局限于取得货币的活动。同这个主义相对立的重农主义把劳动的一定形式——农业——看做创造财富的劳动，不再把对象本身看做裹在货币的外衣之中，而是看做产品一般，看做劳动的一般成果了。这种产品还与活动的局限性相应而仍然被看做自然规定的产品——农业的产品，主要是土地的产品。

[M—17] 亚当·斯密大大地前进了一步，他抛开了创造财富的活动的一切规定性，——干脆就是劳动，既不是工业劳动，又不是商业劳动，也不是农业劳动，而既是这种劳动，又是那种劳动。有了创造财富的活动的抽象一般性，也就有了被规定为财富的对象的一般性，这就是产品一般，或者说又是劳动一般，然而是作为过去的、对象化的劳动。这一步跨得多么艰难，多么巨大，只要看看连亚当·斯密本人还时时要回到重农主义，就可想见了。这也许会造成一种看法，好像由此只是替人——不论在哪种社会形式下——作为

生产者在其中出现的那种最简单、最原始的关系找到了一个抽象表现。从一方面看来这是对的。从另一方面看来就不是这样。

对任何种类劳动的同样看待，以各种现实劳动组成的一个十分发达的总体为前提，在这些劳动中，任何一种劳动都不再是支配一切的劳动。所以，最一般的抽象总只是产生在最丰富的具体发展的场合，在那里，一种东西为许多东西所共有，为一切所共有。这样一来，它就不再只是在特殊形式上才能加以思考了。另一方面，劳动一般这个抽象，不仅仅是各种劳动组成的一个具体总体的精神结果。对任何种类劳动的同样看待，适合于这样一种社会形式，在这种社会形式中，个人很容易从一种劳动转到另一种劳动，一定种类的劳动对他们说来是偶然的，因而是无差别的。这里，劳动不仅在范畴上，而且在现实中都成了创造财富一般的手段，它不再是同具有某种特殊性的个人结合在一起的规定了。在资产阶级社会的最现代的存在形式——美国，这种情况最为发达。所以，在这里，"劳动"、"劳动一般"、直截了当的劳动这个范畴的抽象，这个现代经济学的起点，才成为实际上真实的东西。所以，这个被现代经济学提到首位的、表现出一种古老而适用于一切社会形式的关系的最简单的抽象，只有作为最现代的社会的范畴，才在这种抽象中表现为实际上真实的东西。人们也许会说，在美国表现为历史产物的东西——对任何劳动同样看待——，例如在俄罗斯人那里，就表现为天生的素质。但是，首先，是野蛮人具有能被使用于一切的素质，还是文明人自动去从事一切，是大有区别的。其次，在俄罗斯人那里，实际上同对任何种类劳动同样看待这一点相适应的，是传统地固定在一种十分确定的劳动上，他们只是由于外来的影响才从这种状态中解脱出来。

[M—18] 劳动这个例子令人信服地表明，哪怕是最抽象的范畴，虽然正是由于它们的抽象而适用于一切时代，但是就这个抽象的规定性本身来说，同样是历史条件的产物，而且只有对于这些条件并在这些条件之内才具有充分的适用性。

资产阶级社会是最发达的和最多样性的历史的生产组织。因此，那些表现它的各种关系的范畴以及对于它的结构的理解，同时也能使我们透视一切已经覆灭的社会形式的结构和生产关系。资产阶级社会借这些社会形式的残片和因素建立起来，其中一部分是还未克服的遗物，继续在这里存留着，一部分原来只是征兆的东西，发展到具有充分意义，等等。人体解剖对于猴体解剖是一把钥匙。反过来说，低等动物身上表露的高等动物的征兆，只有在高等动物本身已被认识之后才能理解。因此，资产阶级经济为古代经济等等提供了钥匙。但是，决不是像那些抹杀一切历史差别、把一切社会形式都看成资产阶级社会形式的经济学家所理解的那样。人们认识了地租，就能理解代役租、什一税等等。但是不应当把它们等同起来。

其次，因为资产阶级社会本身只是发展的一种对立的形式，所以，那些早期形式的各种关系，在它里面常常只以十分萎缩的或者完全歪曲的形式出现。公社所有制就是个例子。因此，如果说资产阶级经济的范畴适用于一切其他社会形式这种说法是对的，那么，这也只能在一定意义上来理解。这些范畴可以在发展了的、萎缩了的、漫画式的种种形式上，总是在有本质区别的形式上，包含着这些社会形式。所说的历史发展总是建立在这样的基础上的：最后的形式总是把过去的形式看成是向着自己发展的各个阶段，并且因为它很少而且只是在特定条件下才能够进行自我批判——这里当然不是指作为崩溃时期出现的那样的历史时期——，所以总是对过去的形式作片面的理解。基督教只有在它的自我批判在一定程度上，可说是在可能范围内完成时，才有助于对早期神话作客观的理解。同样，资产阶级经济学只有在资产阶级社会的自我批判已经开始时，才能理解封建的、古代的和东方的经济。在资产阶级经济学没有用编造神话的办法把自己同过去的经济完全等同起来时，它对于以前的经济，特别是它曾经还不得不与之直接斗争的封建经济的批判，是与基督教对异教的批判或者新教对旧教的批判相似的。

[M—19] 在研究经济范畴的发展时，正如在研究任何历史科学、社会科学时一样，应当时刻把握住：无论在现实中或在头脑中，主体——这里是现代资产阶级社会——都是既定的；因而范畴表现这个一定社会即这个主体的存在形式、存在规定、常常只是个别的侧面；因此，这个一定社会在科学上也决不是在把它当做这样一个社会来谈论的时候才开始存在的。这必须把握住，因为这对于分篇直接具有决定的意义。

例如，从地租开始，从土地所有制开始，似乎是再自然不过的了，因为它是同土地，即同一切生产和一切存在的源泉结合着的，并且它又是同一切多少固定的社会的最初的生产形式即同农业结合着的。但是，这是最错误不过的了。在一切社会形式中都有一种一定的生产决定其他一切生产的地位和影响，因而它的关系也决定其他一切关系的地位和影响。这是一种普照的光，它掩盖了一切其他色彩，改变着它们的特点。这是一种特殊的以太，它决定着它里面显露出来的一切存在的比重。

以游牧民族为例（纯粹的渔猎民族还没有达到真正发展的起点）。他们偶尔从事某种形式的耕作。这样就规定了土地所有制。它是共同的，这种形式按照这些民族保持传统的程度而或多或少地保留下来，斯拉夫人中的公社所有制就是个例子。在从事定居耕作（这种定居已是一大进步），而且这种耕作像在古代社会和封建社会中那样处于支配地位的民族那里，连工业、工业的组织以及与工业相应的所有制形式都多少带着土地所有制的性质；或者像在古代罗马人中那样工业完全附属于耕作；或者像在中世纪那样工业在城市中和在城市的各种关系上模仿着乡村的组织。在中世纪，甚至资本——不是指纯粹的货币资本——作为传统的手工工具等等，也具有这种土地所有制的性质。

在资产阶级社会中情况则相反。农业越来越变成仅仅是一个工业部门，完全由资本支配。地租也是如此。在土地所有制处于支配地位的一切社会形式中，自然联系还占优势。在资本处于支配地位的社会形式中，社会、历史所创造的因素占优势。不懂资本便不能懂地租。不懂地租却完全可以懂资本。资本是资产阶级社会的支配一切的经济权力。它必须成为起点又成为终点，必须放在土地所有制之前来说明。分别考察了两者之后，必须考察它们的相互关系。

[M—20] 因此，把经济范畴按它们在历史上起决定作用的先后次序来排列是不行的，错误的。它们的次序倒是由它们在现代资产阶级社会中的相互关系决

定的，这种关系同表现出来的它们的自然次序或者符合历史发展的次序恰好相反。问题不在于各种经济关系在不同社会形式的相继更替的序列中在历史上占有什么地位。更不在于它们在"观念上"（蒲鲁东）（在关于历史运动的一个模糊的表象中）的顺序。而在于它们在现代资产阶级社会内部的结构。

古代世界中商业民族——腓尼基人、迦太基人——表现的单纯性（抽象规定性），正是由农业民族占优势这种情况本身决定的。作为商业资本和货币资本的资本，在资本还没有成为社会的支配因素的地方，正是在这种抽象中表现出来。伦巴第人和犹太人对于经营农业的中世纪社会，也是处于这种地位。

还有一个例子，说明同一些范畴在不同的社会阶段有不同的地位，这就是资产阶级社会的最新形式之一：股份公司。但是，它还在资产阶级社会初期就以拥有特权和垄断权的大商业公司的形式出现。

17世纪经济学家无形中是这样接受国民财富这个概念的，即认为财富的创造仅仅是为了国家，而国家的实力是与这种财富成比例的，——这种观念在18世纪的经济学家中还部分地保留着。这是一种还不自觉的伪善形式，通过这种形式，财富本身和财富的生产被宣布为现代国家的目的，而现代国家被看成只是生产财富的手段。

显然，应当这样来分篇：（1）一般的抽象的规定，因此它们或多或少属于一切社会形式，不过是在上面所阐述的意义上。（2）形成资产阶级社会内部结构并且成为基本阶级的依据的范畴。资本、雇佣劳动、土地所有制。它们的相互关系。城市和乡村。三大社会阶级。它们之间的交换。流通。信用事业（私人的）。（3）资产阶级社会在国家形式上的概括。就它本身来考察。"非生产"阶级。税。国债。公共信用。人口。殖民地。向国外移民。（4）生产的国际关系。国际分工。国际交换。输出和输入。汇率。（5）世界市场和危机。

［M—21］4．生产。

生产资料和生产关系。

生产关系和交往关系。

国家形式和意识形式同生产关系和

交往关系的关系。

法的关系。家庭关系

注意：应该在这里提到而不该忘记的各点：

（1）战争比和平发达得早；某些经济关系，如雇佣劳动、机器等等，怎样在战争和军队等等中比在资产阶级社会内部发展得早。生产力和交往关系的关系在军队中也特别显著。

（2）历来的观念的历史叙述同现实的历史叙述的关系。特别是所谓的文化史，这所谓的文化史全部是宗教史和政治史。（顺便也可以说一下历来的历史叙述的各种不同方式。所谓客观的。主观的（伦理的等等）。哲学的。）

（3）第二级的和第三级的东西，总之，派生的、转移来的、非原生的生产关系。国际关系在这里的影响。

（4）对这种见解中的唯物主义的种种非难。同自然主义的唯物主义的关系。

（5）生产力（生产资料）的概念和生产关系的概念的辩证法，这样一种辩证法，它的界限应当确定，它不抹杀现实差别。

（6）物质生产的发展例如同艺术发展的不平衡关系。进步这个概念决不能在通常的抽象意义上去理解。就艺术等等而言，理解这种不平衡还不像理解实际社会关系本身内部的不平衡那样重要和那样困难。例如教育。美国同欧洲的关系。可是，这里要说明的真正困难之点是：生产关系作为法的关系怎样进入了不平衡的发展。例如罗马私法（在刑法和公法中这种情形较少）同现代生产的关系。

（7）这种见解表现为必然的发展。但承认偶然。

怎样。(对自由等也是如此。)(交通工具的影响。世界史不是过去一直存在的;作为世界史的历史是结果。)

(8)出发点当然是自然规定性;主观地和客观地。部落、种族等。

(1)关于艺术,大家知道,它的一定的繁盛时期决不是同社会的一般发展成比例的,因而也决不是同仿佛是社会组织的骨骼的物质基础的一般发展成比例的。例如,拿希腊人或莎士比亚同现代人相比。就某些艺术形式,例如史诗来说,甚至谁都承认:当艺术生产一旦作为艺术生产出现,它们就再不能以那种在世界史上划时代的、古典的形式创造出来;因此,在艺术本身的领域内,某些有重大意义的艺术形式只有在艺术发展的不发达阶段上才是可能的。如果说在艺术本身的领域内部的不同艺术种类的关系中有这种情形,那么,在整个艺术领域同社会一般发展的关系上有这种情形,就不足为奇了。困难只在于对这些矛盾作一般的表述。一旦它们的特殊性被确定了,它们也就被解释明白了。

[M—22]我们例如先说希腊艺术同现代的关系,再说莎士比亚同现代的关系。大家知道,希腊神话不只是希腊艺术的武库,而且是它的土壤。成为希腊人的幻想的基础、从而成为希腊[艺术]的基础的那种对自然的观点和对社会关系的观点,能够同走锭精纺

127

机、铁道、机车和电报并存吗？在罗伯茨公司面前，武尔坎又在哪里？在避雷针面前，丘必特又在哪里？在动产信用公司面前，海尔梅斯又在哪里？任何神话都是用想象和借助想象以征服自然力，支配自然力，把自然力加以形象化；因而，随着这些自然力实际上被支配，神话也就消失了。在印刷所广场旁边，法玛还成什么？希腊艺术的前提是希腊神话，也就是已经通过人民的幻想用一种不自觉的艺术方式加工过的自然和社会形式本身。这是希腊艺术的素材。不是随便一种神话，就是说，不是对自然（这里指一切对象的东西，包括社会在内）的随便一种不自觉的艺术加工。埃及神话决不能成为希腊艺术的土壤或母胎。但是无论如何总得是一种神话。因此，决不是这样一种社会发展，这种发展排斥一切对自然的神话态度，一切把自然神话化的态度；因而要求艺术家具备一种与神话无关的幻想。

从另一方面看：阿基里斯能够同火药和铅弹并存吗？或者，《伊利亚特》能够同活字盘甚至印刷机并存吗？随着印刷机的出现，歌谣、传说和诗神缪斯岂不是必然要绝迹，因而史诗的必要条件岂不是要消失吗？

但是，困难不在于理解希腊艺术和史诗同一定社会发展形式结合在一起。困难的是，它们何以仍然能够给我们以艺术享受，而且就某方面说还是一种规范和高不可及的范本。

一个成人不能再变成儿童，否则就变得稚气了。但是，儿童的天真不使成人感到愉快吗？他自己不该努力在一个更高的阶梯上把儿童的真实再现出来吗？在每一个时代，它固有的性格不是以其纯真性又活跃在儿童的天性中吗？为什么历史上的人类童年时代，在它发展得最完美的地方，不该作为永不复返的阶段而显示出永久的魅力呢？有粗野的儿童和早熟的儿童。古代民族中有许多是属于这一类的。希腊人是正常的儿童。他们的艺术对我们所产生的魅力，同这种艺术在其中生长的那个不发达的社会阶段并不矛盾。这种艺术倒是这个社会阶段的结果，并且是同这种艺术在其中产生而且只能在其中产生的那些未成熟的社会条件永远不能复返这一点分不开的。

——摘自《马克思恩格斯文集》第8卷，人民出版社2009年版，第5—36页。注释略。

后　记

以"读懂社会的方法"为题解读《〈政治经济学批判〉序言》之后，总觉得不去写一本关于《〈政治经济学批判〉导言》的小册子，"经典悦读系列丛书"就是不完整的。一个《导言》，一个《序言》，两篇文献给人一种姊妹篇的感觉，都是对政治经济学研究的阶段性总结，都有对写作框架结构和方法的摘要性呈现，不放在一起写作，都觉得自己研究思路不对头，学术创作规划得不合理。

不过，读者打开文本就会发现，两篇文献差别很明显。写《序言》时的马克思已经成竹在胸，思路确切，观点鲜明，已经霸气十足地表达出"走自己的路，让别人去说吧"的姿态。写《导言》时的马克思还在思考应该以什么为研究对象、叙述应该从何开始、整体框架应该是什么样的，思路还不够清晰，还缺少一些高度凝练性的观点，一些精彩的论述往往体现在探讨政治经济学方法的层面上，比如"人体解剖对于候体解剖是一把钥匙"，比如"特殊的以太"。

写作一本关于《导言》的小册子，要比写作关于《序言》的小册子难得多。从文字量、从触碰的话题、从出现的抽象范畴等方面看，都能说明《导言》是一篇相对来说难攻克的文献。再加上《导言》还是一篇未完成的手稿，这无疑又为我们精准阐释文本内容增加了难度。手稿因"清水出芙蓉，天然去雕饰"而具有独特魅力，充满灵气，常常闪烁着珍贵的思想火花，可它又难免带有创作者一定的"随意性"，例如论点的未经考究、体系上的不完善性，这些都留下了争论的空间。

毫不夸张地说，一开始，越是阅读，就越是没有信心。每读一遍，都对马克思的敬佩感再加一分，也对自己创作的自信心减少一分。就是弄懂原意，用自己的话表达清楚都费劲，又该怎么读出新观点、写出易懂文、给人一种时代感呢？为此．我阅读了大量学者的研究成果，尤其是围绕"从抽象到具体的方法论""物质生产与艺术生产的关系"等主题的研究论文，更是加重了自己的困惑：如果清晰明了，怎么会有这么多的研究成果？怎么会有充满争论性的文章呢？面对这样一部涉及经济学、哲学、艺术等广泛领域的综合性手稿，大概鲜有学者有充足的自信敢说真正读懂了并且真正阐释好了这一文本，能保证写出让大家都愿意读、都能读得懂、都能读出愉悦感的作品。

可以说，这本小册子是同时期出版的几本之中，酝酿最久却最晚着笔完成的一本，其间在完成了几千字之后将其压于不见天日的"箱底"而成了"烂尾稿"（因为是电子稿所以没法真的找一个木箱尘封其中，但相信读者能够体会到我的心情）。但在某一个午后，我因为出版的压力在办公室"神游天际"，忽然意识到，这不正是马克思写作《导言》甚至整部《政治经济学批判》巨著时的心情吗？蛰伏酝酿多年，一当面对现实压力而"不得不写"，便开始全身心投入其中。

我不能容忍没有自己的逻辑思路、没有自己独到见解的鹦鹉学舌式经典解读，坚持做到解读一部经典一定要围绕一个主题、构建一个框架、推出几个观点、留下几个金句。我会逼着自己通过一遍又一遍地阅读达到这样的效果："读全"，避免经典文献中的一些重要观点没被发现、没被重点探究；"读新"，对经典文献有新的解读视角、新的见解，在学界研究成果的基础上推出新的观点；"读活"，让经典文献能够遭遇我们的时代、我们的社会甚至我们的生活。我坚信的是，有新的思路、观点和见解，再加上通俗的表达、清新的文风，就是打开学术研究的正确方式。

当然，一千个人眼中就有一千个哈姆雷特。面对我们所有人都熟悉的马克思，面对《导言》这样一个手稿性质的未竟文本，一定是仁者见仁、智者见智的。这本小册子只是尽可能全面地呈现笔者眼中的《导言》，希望能够帮助读者理解其中深意。行至此处，依旧不敢言真正读懂了、阐释好了这样一个重要文本，只能尽力忠实于原著、忠实于自己，也忠实于读者，若有不当之处，还请见谅。

陈培永

2023 年 7 月于北京大学燕北园